Un vínculo necesario: humanos y vegetales en el arte contemporáneo

Inmaculada Abarca-Martínez

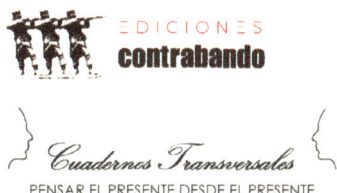

EDICIONES
contrabando

Cuadernos Transversales
PENSAR EL PRESENTE DESDE EL PRESENTE

Un vínculo necesario: humanos y vegetales en el arte contemporáneo
Inmaculada Abarca-Martínez

Editorial
Ediciones Contrabando
Colección
Cuadernos Transversales
Dirección editorial
Paula Santiago Martín de Madrid (Universitat Politècnica de València)
Diseño y maquetación
M de M, Ana Ferriols y Sofía Alemán
Impresión
Arial Artes Gráficas, SL
Comité editorial
Helga Correa (Universidade Federal de Santa Maria, Brasil)
Yunuen Díaz (Universidad Autónoma del Estado de Morelos, México)
Janice Martins Appel (Universidade Federal de Rio Grande, Brasil)
Paula Santiago Martín de Madrid (Universitat Politècnica de València)
Daniel Tejero Olivares (Universidad Miguel Hernández, España)
Carlos Tejo Veloso (Universidade de Vigo, España)

ISBN 979-13-991152-5-3
Depósito Legal V-5107-2025

Esta publicación deriva del proyecto I+D PRÁCTICAS ARTÍSTICAS DE LA INTERDEPENDENCIA. Ética del cuidado y teorías urbanas contemporáneas en las artes visuales (ARTINTER) subvencionado por la Generalitat Valenciana. Referencia CIAICO/2023/262

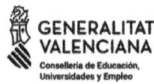

GENERALITAT
VALENCIANA
Conselleria de Educación,
Universidades y Empleo

La colección *Cuadernos Transversales* se encuentra destinada a agrupar un conjunto de breves análisis dirigidos a pensar nuestro presente desde el propio presente, tomando como punto de partida una serie de autores y autoras contemporáneos. Configurada como una parcial cartografía, la colección desea más que mapear un espacio de pensamiento, interpelarnos sobre la realidad exterior de ese plano. Un irreal y paradójico afuera que desde perspectivas diversas muestra la necesidad de una imbricación de saberes y conocimientos que vaya orientada a la articulación de un discurso de interconexiones y registros multipolares. Un discurso o, mejor aún, un anhelo textual que, incidiendo en lo impensado, ponga de relieve lo impensable de un pensamiento carente de compromiso e implicación.

Índice

1. Una aproximación a la naturaleza vegetal

El ser humano, inmerso en el caos de una *Naturaleza* compleja y cambiante, ha analizado el mundo que le rodea desde todos los ámbitos del conocimiento que se encuentran a su alcance, para lograr entender en última instancia, el trasfondo último de su propia naturaleza humana. Sin el ánimo de agotar toda la extensión que abarca el término, podemos decir que, en la actualidad, la palabra *Naturaleza* en su sentido más amplio, hace referencia al mundo natural, es decir, a aquello que conocemos como mundo o universo físico o material, así como a todos los fenómenos que se manifiestan en él, incluyendo la vida. Por tanto, los objetos artificiales o realizados mediante intervención o artes humanas quedan excluidos del estereotipo y concepto de *Naturaleza*.

El origen de la palabra proviene del vocablo en latín *natura*, que significa curso o carácter natural de las cosas. En latín, el término incluye a los seres vivos y su significado está relacionado con la acción de nacer, la sustancia primigenia o los órganos de generación. *Natura* es a su vez, la traducción latina de la palabra griega *Physis*[1] que, en su significado original, hace

---

[1] BRANSCHWIG, Jacques *et al.*, *El saber griego. Diccionario crítico,* Akal, Madrid, 2000, p. 247. La palabra *physis*, del griego (φύσις) que presenta la misma riqueza semántica que *natura,* significa crecimiento,

referencia a la forma innata en la que de manera espontánea crecen plantas y animales. Para Lucrecio, en su libro *De rerum natura* (*Sobre la naturaleza de las cosas*), *Natura* es el orden natural de las cosas: "el orden bello de Naturaleza"[2] y lo que está antes de que los hombres existan.

En Grecia, apunta el poeta y catedrático Jaime Siles[3], encontramos la idea de *Naturaleza*, reflejada en dos conceptos diferentes, por un lado *Physis* (*Naturaleza*) y por otro *Nomos* (la ley o lo que es por convención). Generalmente, el término se identifica con todo aquello que nos rodea, el paisaje y todo lo que lo compone, en estado natural: animales, plantas, montañas, ríos, mares; siempre y cuando la mano del hombre no haya intervenido significativamente.

Este concepto más tradicional de las cosas naturales implica una distinción entre lo natural y lo artificial (lo hecho por los

---

brotar, surgir, nacer o salir a la luz. En la filosofía arcaica se interpretaba como el ser de las cosas. Los sofistas lo consideran opuesto a lo convencional o *Nomos*. Con Platón es el *eidos* (más relacionado con la *morfé* o forma, lo que sustituye a *physis*, como el aspecto de algo o lo que lo hace ser como es. Lo que sale a la luz se manifiesta como esencia, de forma estática. Aristóteles retomaría el sentido originario y más dinámico de nacer, surgir o salir a la luz, que no estaba presente en Platón y contrapone *physis* a *techné*, planteando la dicotomía natural–artificial.

[2] LUCRECIO, *De rerum natura, Libro V* (220-280), edición de Agustín García Calvo, *Lucrecio. De la naturaleza de las cosas*, Cátedra, Madrid, 2004, pp. 298-299.

[3] SILES, Jaime, Conferencia: "De Homero a la Vanguardia: la naturaleza como objeto artístico", dictada por Jaime Siles (Valencia, 1951), dentro del XIV Ciclo de Conferencias *Arte y Naturaleza,* organizadas por el Grup De Reüll, Casa de la Cultura de Ondara (20 de abril, 2007). Jaime Siles es poeta, Premio de las Letras Valencianas (2004), Catedrático de Filología Latina y antiguo Director del Departamento de Filología Clásica de la Universitat de València.

humanos). Así pues, para los antiguos la palabra "Naturaleza" como *Physis* responde a tres acepciones. Por un lado, hace referencia al poder de producción, a la capacidad de desarrollo, a la causa y al origen. En segundo lugar, hace referencia a los modos y maneras de ser, diferenciando tres aspectos: a) el estado físico, la apariencia o el tamaño de las cosas; b) el estado natural de una cosa: el clima, la geografía y c) la disposición natural, entiéndase, las virtudes que pueden presentar las cosas. En tercer lugar, "Naturaleza" es también todo lo relativo al orden de la *Naturaleza* en bruto.

Si atendemos a la relación entre *Naturaleza* y Cultura, podemos observar que en el caso de Grecia, Homero nos refiere siempre la *Naturaleza* como un correlato, utilizando generalmente una metáfora o una comparación para referirse a cualquier aspecto de ésta. Una cosa es siempre dura como una piedra o fuerte como un león o alta como un árbol. En definitiva, frente a la caducidad y las contingencias a las que estamos expuestos los humanos, tanto el mundo griego como el romano admiraban ese ciclo perfecto de las estaciones que se suceden, ese sistema regular de la *Naturaleza*, en el que todo y nada a la vez, cambia. De aquí proviene la idea de que una Cultura perfecta debería imitar el ritmo de la *Naturaleza*, tener leyes perfectas como las de la *Naturaleza*. De este pensamiento deriva también la necesidad de adorar las manifestaciones físicas –entiéndase elementos– de la misma.

La historia del conocimiento se sucede vertiginosamente y, tras las primeras ideas expresadas por Homero, encontramos las concepciones de Zenón y su alabanza del *vivir bien*, entendido y relacionado con *un vivir de acuerdo con la Naturaleza*. Posteriormente en la Edad Media, el arte medieval identificará a la *Naturaleza* como una manifestación de Dios, para llegar en el Renacimiento, a cuestionar su inmanencia y trascendencia.

El cambio en los procesos de imitación de la *Naturaleza* y su sustitución por los valores de la esfera de la Cultura y el asentamiento de la idea de *Naturaleza* como un producto de la Cultura, referirán cómo la concepción de la *Naturaleza* ha ido transformándose, hasta concebir al hombre como un producto híbrido, resultado tanto de la *Naturaleza,* como de la Cultura y de la historia. Las fronteras que en él confluyen, se tornan flexibles para permitir que el devenir de las cosas se convierta para el hombre, en una segunda Naturaleza que lo identifica. En este sentido, el arte como fruto de la mano del hombre genera una ficción que, de manera hipotética, imita a la *Naturaleza*.

Las referencias históricas en las que los humanos son comparados con ciertos aspectos de la *Naturaleza* son múltiples. Ya en el siglo VIII a. de C., Homero, hablando del linaje, comparó a los hombres con las hojas que el viento esparce para propiciar que surjan nuevas generaciones. Por otra parte, haciendo referencia no a la totalidad de la *Naturaleza,* sino únicamente a un aspecto de ésta, Homero relaciona la recuperación de la naturaleza humana gracias a una planta mágica *(Moly)* que Hermes da a Ulises y a sus hombres, para devolverles la forma humana que Circe les había quitado al convertirles en cerdos (*La Odisea*, Canto X, verso 303):

Así diciendo, me entregó el Argifonte una planta que había arrancado de la tierra y me mostró sus propiedades: de raíz era negra, pero su flor se asemejaba a la leche. Los dioses la llaman moly, y es difícil a los hombres mortales extraerla del suelo, pero los dioses lo pueden todo [4].

Este tipo de ideas influirán, como veremos más adelante, en los procesos artísticos que relacionan la naturaleza humana con la naturaleza vegetal. En nuestro discurso y, a partir de aquí, para las ideas sobre *Naturaleza*, natural, artificial, vegetal, flor, hierba, ramas, árbol, verde y, en general todo aquello que involucre a las plantas y a su representación, si bien tendremos en cuenta otras aportaciones, nos guiaremos en estas primeras

---

[4] HOMERO, *La Odisea. La Ilíada*, Edimat Libros, Madrid, 2000.

páginas por las ideas expuestas por Albelda y Saborit en su libro *La construcción de la Naturaleza*[5]. En dicho estudio, además de cuestionar los tópicos social y culturalmente establecidos en torno a este término, al hablar de *Naturaleza* se establecen, varias diferencias puntuales que proporcionan numerosas herramientas para reflexionar conceptualmente sobre la misma y su relación con el arte. Sus aclaraciones permiten trascender el terreno de la especulación teórica, para incidir en los movimientos y artistas que han vinculado su obra a la especificidad de este constructo cultural.

Saborit nos habla del término dividiéndolo en dos acepciones generales que habitualmente se solapan entre sí. Por un lado, encontramos Naturaleza (con mayúscula) y, por otro, naturaleza (con minúscula), esta última empleada en el sentido de "naturaleza de un ser" o de sus propiedades constitutivas.

La primera acepción del término remite, en un principio, a todo lo que existe y nos rodea, incluyendo dos matices importantes: por N-1 entiende el conjunto de todos los seres y fenómenos del mundo físico, incluyendo al ser humano, lo que equivaldría al sentido que ya en la Edad Media se atribuía a la noción de *Natura-Naturans*, que se asimilaba a la idea de Dios. Aunque en oposición a "lo sobrenatural", esta acepción se relaciona más con las nociones de "realidad" o "mundo".

Por otro lado, Saborit identifica como N-2, a aquella *Naturaleza* que incluye todo, excepto lo humano, excluyendo así al hombre y todo lo hecho por él, idea por lo tanto, opuesta al concepto de artificio, de Arte o de Cultura. A la palabra "Naturaleza" escrita con minúsculas Saborit la describe como lo que se refiere no tanto a las cosas visibles, sino a aquellas invisibles

---

[5] ALBELDA, José y SABORIT, José, *La construcción de la naturaleza*, Dirección General de Promoció Cultural, Museus i Belles Arts, Conselleria de Cultura, Educació i Ciència, Generalitat Valenciana, Valencia, 1997, pp. 24-25.

que nos hacen ser como somos, lo que entendemos por el ser, es decir, el origen, el principio, el carácter o la esencia de las cosas, el "origo rerum-lex natural", algo que, asimismo, se opone a lo adquirido, lo aprendido o lo cultural. En este caso estaríamos hablando de la idea medieval de *natura naturata* o las formas finitas y relacionables en las que la N-1 se manifiesta.

Por último, con *Naturaleza* escrita con cursivas, Saborit nos remite a la confusión que ineludiblemente sugiere la Naturaleza intervenida, domesticada, como en el caso de la agricultura, pero también prácticamente a la totalidad del mundo que en la actualidad nos rodea, pues ya no existe un lugar en este planeta que no esté intervenido de una u otra manera por la mano del hombre.

Naturaleza: la esencia o lo propio de un ser, la Naturaleza de un árbol, por ejemplo, que le hace crecer a partir de una semilla cobijada en la tierra y humedecida por la lluvia, se confunde pues con el árbol, la tierra o la lluvia, que son también Naturaleza. Habrá que preguntarse entonces qué pasa cuando un ser humano altera el régimen de riego del árbol, cuando elabora y utiliza "artificialmente" un abono para mejorar su crecimiento, o cuando le injerta unas ramas procedentes de otro árbol [6].

En nuestro caso, no pretendiendo ser específicos en nuestra selección del léxico y asumiendo la casi total implicación del ser humano en las circunstancias de este planeta, utilizaremos la palabra *Naturaleza,* escrita con cursivas y con mayúsculas, para designar, en general, al conjunto de todo lo que nos rodea, incluyendo al ser humano y parte de sus elaboraciones. A su vez, usaremos la palabra naturaleza, sin cursivas y en minúscula, cuando nos refiramos a la forma de ser de las cosas (naturaleza vegetal, naturaleza humana, etc.).

---

[6] ALBELDA, José y SABORIT, José, *op. cit.,* p. 26.

En este contexto nos haremos eco aquí también de las ideas expresadas por Fernando Savater quien, cual abogado del diablo, nos advierte sobre los peligros y excesos a los que puede conducir un malentendido planteamiento naturalista, que convertiría el ensalzamiento de lo natural en argumento derogatorio de artificios y convenciones, involucrando cuestiones morales que exceden de su ámbito.

Para tales naturalistas, la importancia metafísica, moral y política de la Naturaleza es servir de baremo, de patrón de oro para juzgar las obras humanas, mostrar insuficiencias y errores, en suma: alertar contra ellas. Lo antinatural es equivocado, ilícito y dañino, trátese del cosmopolitismo, las centrales nucleares o la homosexualidad [7].

Para Maderuelo la idea de *Naturaleza* que nosotros manejamos surge como invención o convención humana durante el Romanticismo, construyéndose como un paradigma, un misterio y como una fuerza impetuosa a la que el hombre debe enfrentarse constantemente para comprenderla y dominarla. Por analogía natural, la *Naturaleza* deviene un mito creado por la razón laica para sustituir las creencias religiosas de la Antigüedad[8].

Significativa es también la revisión que Michel Foucault[9] hace en torno al surgimiento, alrededor del s. XVII, de la historia natural, tal como la conocemos ahora, y a cómo ayuda a posibilitar la pertenencia común de las cosas y del lenguaje a la representación. Hasta entonces la historia de una planta o de

---

[7] SAVATER, Fernando, *Diccionario filosófico*, Ariel, Barcelona, 2007, p. 241.

[8] MADERUELO, Javier (dir.), *Arte y naturaleza. Actas del I Curso*, Diputación de Huesca, Huesca, 1995, p. 14.

[9] FOUCAULT, Michel, *Las palabras y las cosas*, Siglo XXI, México, D. F., 1979, pp. 128-136.

un animal incluía tanto la descripción de sus elementos y órganos, como las semejanzas que éstos pudieran presentar entre ellos.

También eran objeto de estudio no sólo las virtudes y los medicamentos o alimentos que pudieran llegar a elaborarse con su sustancia, sino también las leyendas e historias anexas que desde la Antigüedad pudieran referirse en torno a cualquiera de los seres estudiados: la historia de un ser vivo era el mismo ser, en el interior de toda una red semántica que lo enlazaba con el mundo.

En este sentido, Foucault nos recuerda la división tripartita que, a partir de los estudios de esa época, se realiza entre aquello que podemos ver, lo que otros han observado o transmitido y, por último, lo que otros han sencillamente imaginado o ingenuamente creído.

Hasta el s. XVII, los signos formaban parte de las cosas, mientras que a partir de este momento, los signos se convierten en modos de representación, estableciéndose la evidente diferencia entre observación, documento y fábula.

Tuvo que llegar Linneo para asentar una nueva dinámica de análisis dentro de la historia natural, estableciendo un orden descriptivo y proponiendo referencias con base en un análisis que se centrara en el juego de la representación, para que las cosas y las palabras se comunicaran finalmente entre sí. A partir de él cualquier ser debía ser descrito siguiendo el curso siguiente: nombre, teoría, género, especie, atributos y uso, para terminar con la *litteraria*.

Tomando como punto de partida este parámetro se establecen cuatro variables fundamentales a considerar: la forma de los elementos, su cantidad, la manera en que se distribuyen en el espacio los unos en relación con los otros y la magnitud relativa de cada uno. Debido a ello, se instaura en el lenguaje la clasificación que Linneo defendía (por ejemplo, la relativa a las cinco partes de la planta: raíces, tallos, hojas, flores y frutos). De este modo, todo observador se encontraba en condiciones adecuadas para unificar criterios y, así, eliminar incertidumbres en el momento de comprensión de cualquier elemento analizado.

Si como señala Foucault, "la historia natural no es otra cosa que la denominación de lo visible"[10], las representaciones visuales, aun aquellas pertenecientes al mundo del arte -aparentemente exentas de la exhaustividad y las taxonomías científicas- evidencian la necesidad humana de reducir variables. Así, podremos prever el objeto final de la historia natural como la extensión de la que están constituidos los seres de la *Naturaleza*.

En esta observación, la visión será el órgano privilegiado para transcribir la representación desnuda de la estructura de los seres. Por estructura de las partes de la planta se entenderá la composición y la disposición de las piezas que forman su cuerpo, de manera que tanto el texto como las representaciones visuales, prescindirán hasta del tacto o del color para concedernos únicamente la esencia de la estructura vegetal, aquella misma que sigue la *Naturaleza*, pasando de la raíz a los tallos, a los peciolos, a las hojas, a los pedúnculos y a las flores.

Será entonces, en este último límite -el de la *litteraria,* apuntado por Linneo- en el que, a manera de suplemento, se incluirá el lenguaje depositado por el tiempo y donde, más allá de las realidades visibles, se nutrirá el discurso sobre la *Naturaleza* que utiliza el arte (tradiciones, creencias y todas aquellas figuras poéticas que han sido objeto de un conocimiento complementario). Un discurso sobre el que se han vertido conceptos que van más allá de la *Naturaleza natural* de las cosas.

---

[10] FOUCAULT, Michel, *op. cit.,* p.133.

Puesto que el término *Naturaleza* es excesivamente amplio y en alto grado polisémico, hemos decidido acotar el mismo, centrándonos de forma específica en estas páginas en el mundo vegetal.

De esta manera, delimitamos nuestro objeto de estudio a una de las manifestaciones de la *Naturaleza*, aquella que percibimos como un elemento visible, físico y fundamental que nos permite establecer vínculos entre el mundo natural, la percepción que el ser humano tiene de él y el arte contemporáneo.

Con relación al reino vegetal podemos afirmar que desde el principio de la historia del ser humano, éste ha estado imprescindiblemente vinculado al mismo. A pesar de esto, curiosamente, no podemos precisar en qué momento nuestros más remotos antepasados adquirieron los conocimientos necesarios sobre las plantas.

Por lo que puede observarse en las sociedades primitivas actuales, el conocimiento de las plantas, así como de sus propiedades, es sumamente antiguo, sin duda y lógicamente, porque las plantas constituyen la base de la pirámide alimenticia de todos los seres vivos, incluso de otras plantas.

De la misma manera, el mundo vegetal ha sido y es fundamental en todos los aspectos de la cotidianeidad del ser humano, desde el cobijo y la posibilidad de un hábitat, a la vestimenta, las medicinas, las armas y todo tipo de utensilios.

En las sociedades primitivas los conocimientos de las plantas siguen siendo fundamentales, aún hoy, para la sobrevivencia. Con el desarrollo de la civilización, estos conocimientos han quedado circunscritos a ámbitos muy especializados, aun así, cualquier persona es capaz de diferenciar una rosa de una manzana o un árbol de una lechuga.

Históricamente, se le atribuye al hombre del Neolítico en el Oriente Próximo (10.000-7.500 a. C.)[11], el cosechar ciertas hierbas y el haber plantado las primeras semillas, dando así un paso muy importante en la historia del vínculo que nos ocupa, estrechándose éste a partir de aquí mucho más. La domesticación de los cereales fue paralela al desarrollo de sociedades más sedentarias.

Hasta finales del siglo XIX, la diversidad de los seres vivos se clasificaba únicamente en dos categorías o pertenecientes a dos reinos: el de los animales o *Animalia* y el de las plantas o *Plantae*. Hoy en día, el término *Plantae* está más acotado y, aunque el uso de la palabra *planta* sigue siendo sinónimo de *vegetal*, es la botánica[12], la Ciencia que estudia lo que tradicionalmente se ha considerado el mundo vegetal, pudiendo definir un vegetal como aquel ser que contiene clorofila.

Haciendo un poco de historia y dado que en el presente estudio los vegetales y su vínculo con el ser humano, son los protagonistas, deberíamos recordar que durante más de dos millones de años la vida en este planeta llamado *Tierra*, fue exclusivamente vegetal. Así, el de los vegetales como seres vivos es, aparentemente, un destino incomprensible a la vez que generoso, puesto que proporcionan el alimento y el oxígeno necesario para respirar a los mismos seres por los que son devorados.

---

[11] LIVERANI, Mario, *El antiguo Oriente. Historia, sociedad y economía,* Crítica, Barcelona, 2008, p. 65.

[12] Botánica (del griego βοτάνη = hierba) o Fitología (del griego φυτόν = planta y λόγος = tratado) es el estudio científico de los vegetales. El concepto de vegetal, que estaba claro en tiempos de Aristóteles, ha quedado desdibujado por el avance del conocimiento, llegándose a definir como todo aquello que es objeto del estudio de la Botánica. En la práctica, los botánicos estudian las plantas, las algas y los hongos.

Con el cultivo de las plantas por parte del hombre y el desarrollo de la agricultura, las plantas fueron modificando su natural proceso de selección hasta el punto de no guardar el más mínimo parecido con la variedad original. El hecho es que hoy en día y, mediante las nuevas tecnologías, la evolución de las plantas depende en grado sumo de la acción humana, resultando este proceso extremadamente conflictivo ya que en la actualidad son las leyes del mercado las que prácticamente imperan sobre las de la *Naturaleza*.

Sin embargo en opinión de los expertos, la de los vegetales es una odisea cuya historia comienza mucho antes que la nuestra y, lejos de lo que pudiera parecer como veremos más adelante, no está próxima a su final[13]. Nuestra relación con estos seres vivos es mucho más cercana de lo que las evidencias constatan, al punto que podríamos afirmar, que nuestros antepasados más remotos en lugar de monos como se suele decir, fueron plantas[14].

Tomando como base estos planteamientos y, sin ser nuestro objetivo el exponer aquí la evolución de las plantas o nuestro origen a partir de ellas, haremos una breve semblanza de la historia de las plantas para, de esta manera, establecer algunos parámetros que nos permitirán posteriormente, dentro del contexto artístico, dilucidar las razones por las cuales algunos artistas manifiestan a través de sus obras, un marcado interés por vincular ambos mundos.

La vida se originó en nuestro planeta hace tres mil quinientos millones de años, en lo que era el primitivo océano, y ésta, en sus comienzos fue primordialmente vegetal. Nuestro

---

[13] Para un análisis más detallado de la historia de las plantas y su evolución, consultar: PELT, Jean Marie *et al.*, *La historia más bella de las plantas. Las raíces de nuestra vida*, Anagrama, Barcelona, 2001, de donde se ha extraído parte de la información aquí aportada.
[14] PELT, Jean Marie *et al.*, *op. cit.*, p. 17.

antepasado más remoto era un alga llamada *Cystodinium* (que todavía existe) y a la que podemos considerar la célula vegetal por excelencia. Dicha alga contenía clorofila mediante la cual realizaba la fotosíntesis, es decir que transformaba, gracias a la energía solar, el gas carbónico y el agua, en azúcares que se adherían a su membrana. Con el tiempo desarrolló una especie de "boca" con la que se alimentaba de otros seres, iniciando así la transición hacia el reino animal. Junto con las algas azules, las verdes, las bacterias, los hongos y los virus, surge la invención del núcleo y la sexualidad, las algas originarias salen del mar y finalmente llegan a tierra firme. En definitiva, el mundo animal existe gracias a las plantas que hicieron que el planeta fuera respirable.

Estamos ante organismos pluricelulares que "inventaron" la división del trabajo, especializándose y desarrollando diferentes funciones. A partir de este punto, en la escala de la evolución surgen las primeras plantas erguidas, en cuyo interior hay vasos que permiten que la savia circule: la planta absorbe el agua del suelo y a su vez puede elevarse a sí misma hacia el cielo. Se trata de las plantas más antiguas con madera, las "Cooksonia", una suerte de vegetación con tallo pero sin hojas, a las que sucedió la "Rhynia" la cual tenía una especie de pilosidades que, aunque no llegaban a ser hojas, eran un esbozo de ellas. La que inventó el tallo con hojas fue una planta minúscula hace 350 millones de años, lo que fue fundamental porque a partir de ahí las plantas terrestres pudieron desarrollar considerablemente su superficie. A mayor número de hojas, mayores posibilidades de captación de aire y de luz.

Hablando en términos de evolución y de organismos pluricelulares, cuanto más sofisticado es un organismo es, en consecuencia, más frágil y ello implica una evolución más radical. Esta tendencia se puede observar tanto en referencia a la desaparición de los dinosaurios como a la de los grandes árboles: un gran tamaño lleva aparejada una gran debilidad, de manera que necesariamente en la escala de la adaptación, tanto los animales, como los insectos y las plantas, se han visto obligados a disminuir su tamaño o a desaparecer.

El mundo verde evoluciona sin cesar, con el desarrollo del aparato sexual y vegetativo las plantas consiguen desprenderse del mar. Una adaptación muy ajustada a un medio puede convertirse en una debilidad, en realidad la que constituye de verdad una fuerza es la capacidad de adaptación. En este sentido, las plantas nos dan una gran lección. El sistema de reproducción de las plantas ha evolucionado poderosamente. Mientras que los animales dependen del líquido para su reproducción, los vegetales han diversificado ampliamente sus vectores a través del viento, los insectos y los animales. En cuanto a lo sexual y la capacidad reproductiva, las plantas se adaptan al medio inventando el "huevo". Y lo hacen, incluso, antes que los mamíferos.

Con las angiospermas[15] aparece una de las constantes más importantes de la vida: proteger las células hembra. La capacidad de reproducción en el interior protegido de la semilla, recurso destacable, permite a las plantas el reproducirse en cualquier medio y no exclusivamente en el acuático. Una de las últimas adaptaciones al medio que las plantas han desarrollado, consiste en una estrategia que, sorprendentemente, está también muy cercana a nuestra naturaleza humana. En el Cretácico, hace apenas un centenar de millones de años y debido a un recalentamiento de las regiones del planeta, surgen las flores en las regiones tropicales, extendiéndose por todo el planeta con un éxito inusitado para los botánicos. La invención de las flores por parte de las plantas estriba en poner en práctica

---

[15] Plantas cuya semilla se encuentra en una cavidad o urna. Del griego αγγειον (angíon– vaso, ánfora) y σπέρμα (sperma, semilla). Este término compuesto significa semillas envasadas, en referencia a que sus óvulos (y posteriormente sus semillas) están encerrados por la hoja fértil portadora de los óvulos o carpelo.

una nueva política de fecundación que incluye, para nuestra sorpresa, la noción de transporte.

La novedad de las plantas con flores consiste en el revestimiento del óvulo que posteriormente será semilla y por último fruto, pero además con las flores, las plantas establecen un nuevo tipo de relaciones con los animales: pájaros e insectos se convierten en cómplices de las plantas. Si con anterioridad la polinización se producía ingeniosamente con el transporte de las semillas por el viento, ahora la nueva estrategia aporta un fenómeno nuevo y sumamente ingenioso: la seducción. Con el surgimiento de las flores, las plantas desarrollan de manera notable la química, convirtiendo ésta en una cuestión universal. Con los aromas, las formas y los colores seducen a los animales de la misma manera que han seducido al hombre a lo largo de toda su historia

A pesar de que todos las devoran, las plantas son precursoras también en la evolución de los sistemas de protección, no sólo con el elemento defensivo de las espinas sino de nuevo, mediante la química, nos sorprenden con el desarrollo de las plantas venenosas.

Ya hemos adelantado cómo la química es fundamental en el reino vegetal, convirtiéndose en una vía de comunicación con otros seres vivos, pero una investigación en ciernes revela que las plantas disponen también de mecanismos de comunicación específicos, que les otorgan ventajas adaptativas muy poderosas[16]. Para ello, usan un "lenguaje" especial: el químico. Algunas plantas secretan sustancias químicas volátiles que se dispersan rápidamente por su entorno, enviando mensajes concretos. Estos productos son llamados semioquímicos,

---

[16] HERRERO UCEDA, Miguel, "Sistema de comunicación en el mundo vegetal", en *Tecnociencia. Periódico gratuito de divulgación científico-técnica*, N° 4, junio, 2006, p. 5. Miguel Herrero Uceda es autor del libro *El alma de los árboles*, Hedras, León, 2005.

porque actúan como señales de comunicación a distancia que provocan una acción determinada en ciertos sistemas biológicos, atrayendo agentes polinizadores o defendiendo a la planta de invasores patógenos o de plagas de insectos.

El eje dominante de la vida de las plantas y de la lucha entre ellas es la carrera por la luz, hecho que les empuja a crecer y a ascender hacia lo alto, en busca de la luminosidad necesaria para producir la fotosíntesis. Esta tendencia tan natural y cotidiana de las plantas, sin ir más lejos y anticipando lo que serán nuestros encuentros con la obra de muchos escultores que trabajan con plantas, también genera ecos en todo lo relacionado con lo humano.

En otro orden de cosas, y desde la perspectiva espacio-tiempo, el mundo vegetal también nos sorprende. Debemos considerar que, en principio, las plantas nos parecen inmóviles porque desde nuestra perspectiva de humanos, éstas no se desplazan, pero esto no es exactamente así. Las plantas tienen parámetros temporales diferentes a los nuestros. El vegetal domina el tiempo, el animal el espacio. El vegetal no puede desplazarse, pero en contraposición puede esperar, la planta espera a que el medio cambie. Si pensamos en su capacidad de propagación, la imposibilidad de movimiento se presenta en cuanto al individuo, no así con respecto a la especie.

Podríamos decir que los vegetales viven en "otro tiempo" distinto al nuestro, tienen una capacidad diferente para aliar la vida y la muerte. Son capaces de detener el crecimiento de un embrión hasta que las condiciones medioambientales sean las propicias, cosa que animales y humanos no han podido evolutivamente desarrollar. Es lo que conocemos como vida latente. Un árbol puede estar aparentemente muerto en la mayoría de su superficie y, sin embargo, seguir brotando. Pueden morir por partes pero seguir vivos, esto se debe a su gran capacidad de regeneración.

Al respecto, el rizoma y su poder de perpetuarse bajo el suelo, aun en las condiciones más adversas, así como la invención hace 20.000 años del otoño –con la caída de las hojas como recurso, para protegerse del frío–, son otro tipo de soluciones que sorprenden por su capacidad de adaptación. A su vez, los vegetales también pueden estar enfermos de cáncer y admirablemente, al contrario que los humanos u otros animales, aislar esa parte dañada o enferma, no realizando metástasis y seguir con vida. En cuanto al ritmo, la duración de la vida de ciertos árboles puede prolongarse durante varios siglos comparándose, aunque en menor medida, tan sólo con las tortugas. En definitiva, pueden presentar los mismos problemas que el resto de los seres vivos, pero sus respuestas, y esto es lo fundamental, son diferentes.

Empezando por nuestra alimentación, los vegetales estarán siempre en la base de nuestra nutrición, aun y cuando sólo comiéramos carne. Si las catástrofes son los motores de la evolución, nosotros los humanos, somos la última de las grandes catástrofes tanto para los animales como para las plantas. Nuestra acción ha desencadenado la desaparición de muchas especies tanto del mundo animal como del vegetal. Pero no todo son aspectos negativos, nosotros mismos hemos sido vehículo para la dispersión de las especies vegetales, el hombre ha sido y es, un factor favorecedor para ciertas especies. Y en último extremo, la vida tiene recursos para perpetuarse más allá incluso de nosotros mismos. Las plantas continúan evolucionando y, como queda patente en estas líneas, tenemos mucho que aprender de ellas. Sin lugar a duda, su adaptación al medio es infinitamente mucho mayor que la nuestra, de esta manera pagamos nuestra sofisticación como organismos complejos en términos de evolución con una mayor dependencia. Todos estos aspectos ponen de manifiesto la relación tan cercana que el hombre ha mantenido con todo lo relacionado con *lo vegetal* y sirven para introducirnos en un mundo que, como hemos podido comprobar, está muy próximo a muchos de los valores que, como seres humanos hemos desarrollado en el transcurso de nuestra historia.

En muchas ocasiones y en diferentes corrientes de pensamiento, desde la Edad Media hasta Goethe, se han explicitado estas relaciones y planteado el orden de la *Naturaleza* mediante analogías tanto simbólicas como formales, haciéndolas visualmente evidentes. Una de estas analogías entre plantas y humanos nos es referida por el Jean-Marie Pelt en el ya citado libro *La historia más bella de las plantas*. Allí nos remite a la semejanza entre las ramas de los árboles -que sumergidas en el aire, toman el gas carbónico de él, fabricando azúcares y expulsando oxígeno- y el ser humano, quien no tiene ramas, pero cuyos bronquios con una estructura formal similar, realizan esta misma función sumergidos en la sangre, de la que toman el oxígeno, descomponiendo y absorbiendo los azúcares disueltos en ella por la alimentación y expulsando gas carbónico.

Esta curiosa similitud entre el mundo verde y el mundo rojo es reiteradamente retomada, como veremos, por diferentes artistas. Se trata de proyecciones complementarias entre ambos mundos, uno proyectado hacia el exterior, el otro protegido hacia el interior. Sin embargo, teniendo en consideración el gran número de ejemplos que podríamos observar y de cara a minimizar nuestras limitaciones, aludiremos a las palabras de Roger Caillois cuando señala: *"Como quien, al hablar de flores, dejara de lado tanto la botánica como el arte de los jardines y de los ramos -tendría aún mucho que decir-"*[17]. Así, por nuestra parte, será imprescindible dejar de lado ciertas manifestaciones.

---

[17] CAILLOIS, Roger, *Piedras y otros textos,* Siruela, Madrid, 2011, p. 25.

2. Natural y artificial: acerca de lo vegetal y sus implicaciones en el arte, la simbología, la mitología, la antropología y la sociología

Asentar las diferentes acepciones que el término Naturaleza y en particular, la Naturaleza del mundo vegetal han generado en la historia del ser humano, nos acerca a la comprensión que las resonancias de este concepto producen en el contexto artístico. En este ámbito, todo lo relacionado con el arte se ha considerado habitualmente fruto del artificio humano. A pesar de que todos podemos diferenciar e identificar claramente como opuestos, los conceptos de natural y artificial, las complejas relaciones entre arte (entendido como *techné*) y *Naturaleza* han sido objeto, desde la Antigüedad, de numerosas polémicas.

En este sentido, Demócrito afirmaba que el arte sigue a la *Naturaleza*, pero no en el sentido de la imitación, sino en el de que asume y prolonga sus procesos y por lo tanto, debemos aceptar que todo aquello realizado por el hombre es también natural, aun cuando sea producto del artificio humano[18]. Tatarkiewicz apunta la relación que en esa misma línea, establecía Goethe entre Arte y *Naturaleza*. Este nexo se basaba

---

[18] ALBELDA, José y SABORIT, José, *op. cit.*, pp. 44-52.

en la idea de que una obra de arte no sólo es fruto de la *Naturaleza*, sino que es la "obra suprema de la Naturaleza realizada por los hombres según las verdaderas leyes de la Naturaleza"[19]. Dorfles por su parte, siguiendo también a Goethe, afirma que el artificio es también *Naturaleza*, acercando así, las relaciones entre *Naturaleza* y hombre, *Naturaleza* y artificio, natural o artificial[20].

Los límites entre lo natural y el artificio, en esta *Naturaleza* intervenida por el hombre, aunque confusos, suelen identificarse con la concepción dicotómica en la que lo natural se caracteriza por ser todo aquello que ha permanecido intacto, inalterado, alejado y no tocado por la mano del hombre. Pero de la misma manera que todo ser vivo usa diferentes medios con vistas a la realización de sus fines –entiéndase sobrevivencia– también el ser humano y con él todas las técnicas por él empleadas, deben considerarse como naturales en el sentido de que forman parte de su naturaleza. Desde este punto de vista, no podemos culpabilizar al hombre o a la técnica en sí misma, del mal uso que el excesivo culto al progreso, por parte del ser humano, ha logrado infligir a nuestro planeta, ni tampoco señalarlo como único responsable de todos los problemas medioambientales derivados de este culto, o de las precarias condiciones de vida del resto de seres vivos.

En definitiva, la idea de la relación entre Arte y *Naturaleza* ha cambiado a lo largo de la historia, entre otras cosas, debido a los cambios en la interpretación de ambos conceptos. En este sentido, es importante considerar cómo el estudio de las manifestaciones artísticas, incluyendo la artesanía y, dentro de ella, el estudio de la ornamentación desarrollada en cada Cultura es, generalmente, muy revelador de las dotes estéticas

---

[19] TATARKIEWICZ, Wladyslaw, *Historia de seis ideas. Arte, belleza, forma, creatividad, mimesis, experiencia estética*, Tecnos-Alianza, Madrid, 2004, p. 333.
[20] DORFLES, Gillo, *Naturaleza y artificio*, Lumen, Barcelona, 1972, p. 16.

de un pueblo puesto que pone de manifiesto la voluntad artística absoluta, sus particularidades específicas, así como la manera concreta de concebir y plasmar sus ideas sobre la *Naturaleza.* Desde el punto de vista de la ornamentación, la representación de la *Naturaleza* y, en particular, de las formas vegetales, tiene su origen en el mundo griego. Podríamos afirmar que la Cultura occidental con un planteamiento naturalista basado fundamentalmente en la tradición griega, ha tendido a la naturalización de la representación de la *Naturaleza* eligiendo habitualmente las plantas como motivo central. Sin embargo, en la historia de la ornamentación, la idea de una simple imitación de los motivos naturales no es relevante. En la selección de este tipo de modelos, Wilhelm Worringer concede una importancia mínima a la aparición del ornamento vegetal basado en las tendencias imitativas de tipo naturalista[21]. Según Worringer, en el contexto de la historia del arte, la elección de una u otra planta para ser convertida en motivo ornamental, no obedece a su aspecto más o menos agradable, puesto que esta tesis entraría en contradicción con la sensibilidad artística de la Antigüedad que se inclinaba por realizar esta selección en función de unos criterios geométricos muy austeros, en armonía con una simetría y una estilización particulares. Por otra parte, admite el valor simbólico de algunos motivos como factor determinante en la aparición de ciertos ornamentos vegetales.

Sin embargo, su principal afirmación en cuanto a estos procesos de síntesis se resume en que el artista o artesano, lo que realiza primordialmente, es un proceso de asimilación de las leyes naturales, para posteriormente manifestarlo en los diferentes modelos de la *Naturaleza.*

El proceso consiste, pues, en que un ornamento puro, es decir, un producto abstracto, es acercado posteriormente a

---

[21] WORRINGER, Wilhelm, *Abstracción y naturaleza,* Fondo de Cultura Económica, México, D. F., 1983, p. 61.

la Naturaleza y no en que se estiliza posteriormente un objeto natural. Esta síntesis es decisiva; pues de ella se infiere que lo prístino no es el modelo natural sino la ley abstraída de él. Lo que provocaba, gracias a la íntima relación orgánica de todas las cosas vivientes, la experiencia estética del espectador, era la proyección al terreno artístico, de la sujeción a la ley inherente a la estructura orgánica, y no la coincidencia con el modelo natural [22].

En la búsqueda de los orígenes del ornamento vegetal, Worringer, siguiendo a Alois Riegl[23] recuerda la sorpresa de este último, al advertir lo inverosímil de que en el transcurso de la historia, una mala hierba cualquiera como el acanto, se elevara al rango de motivo artístico. Esta planta aparece representada en la decoración arquitectónica a partir de la Antigüedad clásica y particularmente en el arte griego, respetando siempre la subordinación de los elementos decorativos al marco arquitectónico. La creación del capitel corintio remite a la leyenda de la aparición de plantas de acanto sobre la tumba de una niña en la que su nodriza había depositado amorosamente, una canasta con los objetos más queridos por aquella, ocultándolos a manera de protección y para evitar robos, con una reja cuadrada. Cuando en la siguiente primavera el arquitecto Calímaro pasaba por allí, observó que la reja estaba levantada por un armonioso manojo de hojas de acanto que

---

[22] WORRINGER, Wilhelm, *op. cit.*, p. 69.

[23] Alois Riegl (1858-1905) fue el primer historiador del arte que introdujo dentro de la investigación de la Historia del arte, el concepto de "voluntad artística", con el que nos ayuda a comprender la idea de que cada sociedad y por lo tanto cada período artístico, expresa determinadas convicciones respecto a lo que entiende por una forma bella. En este sentido, determinadas obras de arte no necesariamente revelan una incapacidad de poder lograr determinado estándar de belleza, sino que revelan una voluntad de lograr otra forma distinta, como es el caso por ejemplo, del artista gótico que no busca la forma bella de la misma manera que el griego clásico.

surgían de la tumba misma. Esta imagen suscitó en el arquitecto la idea de la cesta del capitel corintio, decorado con este tipo de hojas. Así aparece, en la Cultura occidental, el mito de la planta que brota del cadáver de un dios o de un héroe, leyenda que sería notablemente difundida puesto que en ella se percibía una señal de inmortalidad[24].

El simbolismo presente en la mayoría de las representaciones vegetales ha sido estudiado por la iconografía, tanto en las imágenes que se presentan de manera esquemática como en aquellas que conservan un sentido naturalista. En todas las civilizaciones podemos apreciar la gran relevancia que este tipo de representaciones ha adquirido en su Cultura, por ello consideramos de suma importancia realizar, desde diferentes ángulos, un pequeño periplo por este tipo de concepciones. Más allá del juego estético, la flora, por ejemplo, encierra frecuentemente, contenidos morales, filosóficos o de la cosmovisión de cada civilización. En general y desde la simbología podemos decir que el ser humano ha identificado siempre las flores como imagen de la vida.

Cirlot apunta las razones específicas por las cuales el hombre se sentía identificado con *lo vegetal*. Si biológicamente, se sabía muy próximo a los animales, su posición erecta le hizo identificarse y sentirse mucho más relacionado con los árboles, los arbustos e incluso con la hierba, que con la posición a ras de tierra del animal. Por otro lado, el aspecto esencial de las plantas, su ciclo anual, le permitía experimentar en el plano simbólico el misterio de la muerte y la resurrección[25]. Las referencias de Cirlot remiten a Mircea Eliade, quien a su vez, en su *Tratado de historia de las religiones* (1949), lleva a cabo un estudio exhaustivo de las relaciones hombre-planta a través de

---

[24] BEIGBEDER, Olivier, *Léxico de los símbolos,* Encuentro, Vol. 15, Serie Europa Románica, Madrid, 1989, p. 27.
[25] CIRLOT, Juan Eduardo, *Diccionario de símbolos*, Labor, Barcelona, 1988, p. 367.

innumerables ritos de paso, leyendas y cuentos que perdurarán a lo largo de la historia y en los que se hace evidente la constante "solidaridad" entre la especie humana y la vegetal, mediante un circuito continuo de transformaciones.

Una vida humana a la que se ha puesto fin de forma violenta se continúa en una planta; la planta, a su vez, si se corta o se quema da origen a un animal o a otra planta, que acaban por recobrar la forma humana [26].

Eliade destaca las implicaciones vitales que tiene la creencia racionalizada de que toda una raza proceda de una especie vegetal. Este mito presupone que la fuente de la vida está concentrada en dicho vegetal y que la "modalidad humana" está de forma virtual en los gérmenes y las semillas. En numerosas ocasiones, la vida se manifiesta a través de un símbolo vegetal (una mujer toca un árbol para quedarse encinta o para proteger al recién nacido, etc.). Estos hechos equivalen a decir que la vegetación se convierte en una *hierofanía*[27], en la medida que revela algo distinto de ella misma.

Un árbol o una planta no son nunca sagrados en tanto que árbol o planta; llegan a serlo en cuanto que participan de una realidad trascendente, en cuanto significan esa realidad trascendente [28].

Como podemos apreciar, es imprescindible hacer alusión al simbolismo inmanente en la mayoría de las representaciones vegetales, puesto que su estudio nos ayuda a comprender su

---

[26] ELIADE, Mircea, "La vegetación. Símbolos y ritos de renovación", en *Tratado de historia de las religiones. Morfología y dialéctica de lo sagrado,* Cristiandad, Madrid, 2000, p. 438.

[27] *Hierofanía*: término acuñado por Mircea Eliade que significa aquello que encarna y revela lo sagrado, es decir, la manifestación de lo sagrado en lo profano.

[28] ELIADE, Mircea, *op. cit.,* p. 467.

utilización dentro de las representaciones artísticas. De esta forma, podemos apreciar cómo la carga semántica del ornamento vegetal extiende su ámbito de influencia con el surgimiento de numerosas correspondencias formales entre las formas de representación de los seres vivos. Asimismo, este tipo de correspondencias se dan también entre animales, vegetales y en las formas geométricas de la arquitectura, generando híbridos en los que aparece estrechamente involucrada la figura humana. El ornamento, así concebido, se torna soporte material de una idea que conforma una unidad difícilmente escindible, una fuente fundamental de conocimiento del ser humano y de su relación con la *Naturaleza*.

Johann Jakob Bachofen apunta que en la mitología griega fue Hipóloco –progenitor de Glauco– el que, ante la pregunta sobre su ascendencia, grita a Diomedes el conocido como "símil de las hojas", que Homero antepone a la explicación del mito de Belerofonte (*Ilíada*, VI, 145-149). Un símil que por su veracidad inherente conseguiría en la Antigüedad gran celebridad, al punto de ser repetido por muchos otros escritores como Plutarco y Luciano:

> *Como hojas en el bosque, así es la raza de los hombres: el viento dispersa unas hojas por la tierra, otras vuelven a brotar en el bosque, cuando de nuevo renace la primavera; así es el linaje de los hombres, éste crece y aquél desaparece* [29].

Asimismo, en la tradición judeocristiana, encontramos varios ejemplos en los que se establece un paralelismo entre los hombres, las plantas y las diferentes etapas del ciclo reproductivo de estas últimas, utilizándose generalmente como una clara comparación con los seres humanos. En la Biblia, son

---

[29] BACHOFEN, Johann Jakob, *El matriarcado. Una investigación sobre la ginecocracia en el mundo antiguo según su naturaleza religiosa y jurídica*, Akal, Madrid, 2008, p. 80.

varios los paralelismos que se establecen entre la hierba, las personas, sus vidas y sus logros:

Toda carne es hierba y todo su esplendor como flor del campo. La flor se marchita, se seca la hierba, [...] cierto, hierba es el pueblo [30].

Pues toda carne es como hierba y todo su esplendor como flor de hierba; se seca la hierba y cae la flor [...] [31].

Cirlot confirma que desde el punto de vista de la simbología, la representación de las hierbas, en muchas ocasiones, hace alusión a los hombres: las plantas, señala, "tienen el significado simbólico de seres humanos. La etimología de la voz griega *neophytos* (hierba nueva) así lo indica" [32]. Esta identificación de los humanos con las plantas, converge en la creencia religiosa cristiana que marcaba cómo a los recién bautizados se les llamaba *neophytos,* que significaba "planta nueva" o acabado de plantar.

En torno a la representación de hierbas en el arte, Jean Mottet recuerda la atención privilegiada que, en la mímesis del mundo vegetal, la pintura europea reserva a la superficie herbosa. De la misma manera que sucede con la mayoría de los motivos relacionados con el paisaje, Mottet apunta al origen religioso de este tipo de representaciones, vinculadas en su mayoría con el jardín del Edén, el *topos* del paraíso y los conceptos relacionados con el prado divino, en el que Dios sitúa a los árboles y más tarde a los hombres. Posteriormente y en la actualidad, la prevalencia de la hierba como protagonista y representación del mundo natural obedece, según Mottet, a la

---

[30] ISAÍAS 40: 6-7, en *Biblia de Jerusalén,* Editorial Española Desclée de Brouwer, Bilbao, 1975.
[31] 1ª PEDRO 1: 24, en *Biblia de Jerusalén, op. cit.*
[32] CIRLOT, Juan Eduardo, *op. cit.,* p. 240.

necesidad de una recuperación poética: la de habitar el mundo y lo cotidiano como eje de la creatividad[33].

Por otro lado, las hierbas y su representación están asociadas a la idea de poderes naturales y sobrenaturales y al dualismo entre el bien y el mal. Hecho que deriva de su capacidad medicinal tanto para curar, como para ser empleadas como veneno. Por estas cualidades tan específicas han sido utilizadas con frecuencia en leyendas y cuentos folklóricos, constituyendo un caso evidente de especialización en cuanto a la simbología. Aunque no es nuestra intención desvelar aquí las múltiples correspondencias simbólicas con las que el hombre ha identificado las diferentes especies vegetales y sobre las que ha proyectado características de su propia naturaleza, es importante anotar que entre numerosas culturas, el árbol, por ejemplo, debido a que establece una conexión particular entre el cielo y la tierra, ha sido visto como centro, principio, origen y eje del mundo, convirtiéndose por ello en nexo que une ambos mundos. En muchas ocasiones estas relaciones se han antropomorfizado, por ejemplo, en el arte Egipcio, en una de las pinturas que se observan en la Tumba de Tutmosis III (Tebas) la diosa Isis adopta la forma de un árbol de sicomoro con un pecho y un brazo humanos, en actitud de amamantar al faraón. También en el arte Románico la simbología vegetal, floral y frutal tiene una relación directa con alusiones a lo humano. El árbol, la vegetación y los frutos que crecen y se desarrollan expresan una gradación vinculada con las edades de la vida.

Históricamente, en el ámbito artístico, encontramos la primera representación de una rosa, con una antigüedad de 3.900 años en el *Fresco del pájaro azul,* en el palacio de Cnossos (Creta)[34]. Asimismo, una de las primeras anécdotas que hacen referencia

---

[33] MOTTET, Jean, "Análisis de una manera de domesticar la naturaleza: la casa en la hierba de las series americanas", en SALABERT, Pere *et al.*, *Estética plural de la naturaleza*, Laertes, 2006, pp. 158-159.
[34] PELT, Jean Marie *et al.*, *op. cit.*, p. 155.

a la representación plástica en general, es con relación a un vegetal y nos viene referida por Plinio el Viejo en su *Historia Natural* (NH, XXXV, 65), en alusión a la competición que en el siglo V, se llevó a cabo entre dos pintores de Éfeso, Zeuxis y Parrasio, para determinar cuál de los dos era mejor artista. Zeuxis había pintado unas uvas tan vívidas que unos pájaros engañados por el parecido con las uvas reales, se acercaron volando para picotearlas. Si bien es ésta una clara alusión a los engaños de la representación y los efectos confusos de la mímesis, podemos considerar que, en general, los motivos vegetales en pintura y, más en concreto, en el tratamiento del paisaje se usaron habitualmente, hasta el s. XVII, como escenografía complementaria del motivo "hombre", no cobrando excesiva importancia y empleándose como algo decorativo. En escultura, sucede otro tanto pues los referentes vegetales se utilizaron en sus orígenes y, durante mucho tiempo, como complemento de la ornamentación arquitectónica o como elementos de orfebrería.

Posteriormente, la percepción de la *Naturaleza* y, con ella, los elementos que la caracterizan, cambiarían. Durante el siglo XVIII, Goethe trasmitía en sus escritos, la idea de una filosofía integradora de la *Naturaleza*, en la que también confluyeran Ciencia y vida. Su pensamiento consideraba el entendimiento intuitivo como un órgano supremo para el saber científico, en cuanto que hace posible una comunicación con la *Naturaleza* como totalidad viviente. Esta forma de pensar tiene como objetivo el observar el mundo atentamente, poniéndose en sintonía con la realidad y dejando que el juicio brote de los hechos mismos. Realizando este tipo de procesos, se evita que el pensamiento sea el juez de los acontecimientos y, así, éste se convierte en un instrumento que permite que las cosas develen su propia esencia. Ésta debería ser sin duda la verdadera actitud del poeta, del artista o del investigador científico, abiertos a la inspiración y a la búsqueda de la idea activa que existe detrás de todo fenómeno. Revelando una actitud precursora en su tiempo, las teorías de Goethe sobre la *Naturaleza* argumentaban una relación hombre-*Naturaleza* distinta al característico vínculo de dominio y explotación[35]. A partir de su viaje a Italia, donde se sumergiría en el estudio de la *Naturaleza*, la botánica sería una de sus constantes pasiones. Sus estudios previos se habían centrado en descubrir los rasgos comunes que los seres vivos compartían entre sí. Estas ideas fueron expuestas en su obra *La metamorfosis de las plantas*[36], publicada en 1790 en Alemania. En la misma defendía que, tras las múltiples apariencias de las plantas, podía descubrirse un arquetipo común a todas ellas, una forma originaria y ancestral, una planta-tipo primordial o esencial, a la que llamó *Urpflanze*. Esta planta sería una suerte de modelo idealizado del que derivarían el resto de las plantas existentes en la *Naturaleza* a manera de diferentes manifestaciones o encarnaciones del tipo fundamental.

Goethe validaba la real existencia de esta utópica planta argumentando que, si las plantas no fueran copia de un modelo, no podríamos reconocerlas como tales[37]. Si bien, Goethe esperaba encontrar algún día su *Urpflanze*, su teoría derivaría hacia planteamientos más abstractos, desarrollando un sistema permutable de representación de los tipos de plantas que, partiendo de los autores anteriores, desarrollaba incluso una serie de plantas inventadas que, teóricamente formarían parte de un modelo único de estructura vegetal. Este arquetipo se constituye no como una entidad material, sino como una idea general del arquetipo, anticipándose a Darwin en su visión básica de que todas las especies tienen un origen común.

---

[35] SÁNCHEZ MECA, Diego, "Los conceptos griegos de physis y theoria en la interpretación de Goethe", en *Daimon. Revista de Filosofía*, N° 16, 1998, pp. 57-71.

[36] GOETHE, Johann Wolfgang, *La metamorfosis de las plantas*, Beta III Milenio, Bilbao, 1994.

[37] STEADMAN, Philip, *Arquitectura y naturaleza. Las analogías biológicas en el diseño*, Blume, Madrid, 1982, pp. 42-44.

Tras su experiencia científico-artística, Goethe buscaba hacer confluir todos los procesos de germinación, crecimiento, metamorfosis de los órganos, nutrición y reproducción de todos los seres vivos en secuencias que obedecieran a un arquetipo fundamental o idea primordial de la planta. Todo ello permitía desplegar resonancias de una concepción bipolar entre la materia y las fuerzas suprasensibles, fenómenos no directamente medibles con los aparatos físicos convencionales pero que nuestros predecesores podían elaborar mediante un pensamiento más ligado a las fuerzas formativas del cosmos.

El pensamiento de Goethe, caracterizado por un empirismo identificado totalmente con el objeto de estudio, resulta en nuestros días sumamente atractivo. Como señala Henri Bortoft, hoy en día existe un creciente interés en el impacto que la Ciencia y la tecnología tienen en la *Naturaleza* y en este sentido, el pensamiento goethiano podría conducirnos *"a una tecnología que sea sinérgica más que agresiva, en la que la Naturaleza y el hombre cooperen para su mutuo acrecentamiento"*[38].

Históricamente, desde el punto de vista de las creencias y la mitología, en todas las sociedades ha habido analogías entre los dioses y la *Naturaleza* como fuente de sobrevivencia de las comunidades. Dioses y diosas, que aplacaban o favorecían a los hombres, eran representados con atributos vegetales, la mayoría de ellos también antropomorfizados. Mas no siempre la *Naturaleza* ha sido un ente benefactor en todo momento para el ser humano. De hecho, el hombre siempre ha sabido que ésta tiene sus propios principios organizativos al margen de nosotros, los humanos. Lo que es un hecho incontestable es que el hombre ha necesitado siempre entender y explicar su entorno. Esta necesidad oscila entre las explicaciones de una cosmovisión relacionada con númenes invisibles, y las

---

[38] BORTOFT, Henri, "Prólogo", en NAYDER, Jeremy y GAUGER, Gloria, *Goethe y la ciencia*, Siruela, Madrid, 2002, p. 18.

identificaciones de aquello que le sucede a su alrededor con las fuerzas de la *Naturaleza*.

Durante mucho tiempo y en diferentes culturas, el hombre trató de explicarse los fenómenos de la *Naturaleza* mediante deificaciones de esos mismos fenómenos, antropomorfizados en diosas y dioses de la *Naturaleza*: Era, Afrodita, Ceres, Coatlicue, etc. que se plasmaban en obras artísticas según las diferentes culturas. Dentro de la mitología clásica, los humanos pueden llegar a encarnar también ciertas características de la *Naturaleza*, convirtiéndose en determinadas circunstancias y, mediante procesos de metamorfosis, en vegetales con características análogas a la planta protagonista, así sucede con Dafne o con Narciso.

Como vemos, la Historia del Arte da cuenta de varios momentos en nuestra historia, en los que nos hemos sentido más cercanos a la *Naturaleza* que en otros. El Romanticismo, el Modernismo, el Art Nouveau o la Escuela Vienesa son movimientos culturales que, alejándose del academicismo y de las formas del pasado, abundan en ejemplos de una tendencia organicista. Pensemos, entre otros, en casos como el de Antonio Gaudí (Parque Güell, Barcelona, 1900-1914) o el de Joseph Maria Olbrich, (Casa de la Secesión, Viena, 1896). También en la actualidad la sociedad occidental, moderna y contemporánea, ha tenido momentos puntuales en los que la atención de la Cultura se ha centrado en replantear algunos aspectos de la *Naturaleza*. En estos períodos, el hombre ha tratado de buscar un mayor acercamiento a otros seres vivos y a formas de vida más sencillas y cercanas a la *Naturaleza*.

Ello nos lleva a valorar si el reflejo de estas circunstancias en el hecho artístico, obedece a una necesidad imperiosa, a una nostalgia pasajera o a una seducción perpetua. En el caso de las plantas, por ejemplo, la carga simbólica que pudiera tener la hipotética idea de una transformación vegetal, generalmente considerada negativa por la inmovilidad que conlleva, es percibida en la actualidad como algo pseudopositivo: todo el mundo quiere *ser verde* y ecológico.

Este color, por sus características intrínsecas de vida, fertilidad, frescura, limpieza o salud, tiene la propiedad de asumirse como abstracción de todo lo natural, constituyéndose así en metáfora de todas las cosas verdes de la *Naturaleza*[39]. Frente a la crisis ecológica, el empleo del color verde en cualquier ámbito se relaciona metafóricamente con un consumo responsable de los recursos naturales. Frente a la naturaleza animal y el color rojo, se impone la naturaleza vegetal y el paradigma de lo verde, como último reducto de esperanza ante un futuro dudoso.

En efecto, el color verde está de forma natural, subliminal e histórica, directamente relacionado con la *Naturaleza*. En el simbolismo popular, siguiendo a Hans Biedermann, el verde, considerado como el reverdecer de la esperanza, se conecta con los cultos vinculados a la vegetación:

> *Allí donde brota el verde, allí está sencillamente la Naturaleza, allí está naturalmente el crecimiento [...] el hecho concreto de la primavera. Cuando, por ejemplo, se aparece el diablo como "el verde", es que ha conservado la vestidura de un antiguo dios de la vegetación* [40].

Por su parte, Frédéric Portal, en torno a la importancia de los colores, establece tres grados para la generación simbólica de los mismos. En primer lugar, presupone la existencia en sí del color; en segundo plano, que el color sea una manifestación de vida y, en tercer lugar, considera el valor de la acción resultante. Según estos principios, el verde pertenece al tercer grado, aquel que se corresponde con la esfera de la creación, una de las tres esferas que, según los profetas, emanan de Dios y llenan los

---

[39] ALBELDA, José y SABORIT, José, *op. cit.*, pp. 277-297.
[40] BIEDERMANN, Hans, *Diccionario de símbolos*, Paidós, Barcelona, 1993, p. 476.

tres cielos. Siendo el verde un color habitualmente relacionado con la tierra y la vegetación, esta última es posible gracias a la confluencia de la acción de los elementos tierra y agua, de manera que el verde indica la unión fecunda entre los mismos.

En la tradición cristiana, la parábola del sembrador enseña a los creyentes que la regeneración es semejante al germen de la planta que renace en el seno de la muerte y reverdece en una vida nueva. Esta oposición entre lo verde y lo profano posibilitó que la hierba verde fuera símbolo de los regenerados.

En el Apocalipsis, se ordena a las langostas que no dañen la hierba de la tierra, ni ninguna cosa verde, ni árbol alguno, sino solamente a los hombres que no tengan marcado el sello de Dios en la frente [41].

Asimismo, el color verde tiene una valoración particular en las visiones, cartas y libros de la mística Hildegard von Bingen (1098-1179), quien poseía el don de la videncia y cuyas dotes intelectuales permitieron que su obra trascendiera ochocientos años. Con una fuerte vinculación con el mundo de las plantas y una gran sabiduría popular respecto al uso medicinal de las mismas, concibe la trascendencia del concepto de "viriditas", entendido éste como el verdor o la fuerza germinativa que es reflejo de la vida:

[...] el verdor que penetra hasta la última fibra del universo, el cual está presente en el arreglo cósmico de su obra: el mundo en primavera está lleno de viriditas; Dios exhaló viriditas a los hombres: el sol irradia viriditas al mundo [...] [42].

---

[41] PORTAL, Frédéric, *El simbolismo de los colores: en la Antigüedad, la Edad Media y los tiempos modernos*, José J. de Olañeta, Palma de Mallorca, 2005, p. 98.

[42] MARTÍNEZ LIRA, Verónica *et al.*, *El lenguaje secreto de Hildegard von Bingen. Vida y obra*, UNAM, Fondo de Cultura Económica, Conaculta, México, D. F., 2004, p. 68.

El pensamiento de Hildegarda -quien hipotéticamente habría tenido conocimiento no sólo de los trabajos de Hipócrates, Plinio el Viejo, Isidoro de Sevilla, Soranus de Éfeso, Galeno de Pérgamo, Constantino de África, Apuleyo, sino también de los estudios de los tratadistas árabes y de Dioscórides- es sorprendentemente analógico cuando valora, por ejemplo, la piedra de la esmeralda a causa de su color, afirmando que esta piedra se origina por la mañana temprano al salir el sol.

El verde de la tierra y de las hierbas florece entonces con el mayor frescor, porque el aire aún está frío, pero el sol ya calienta y los vegetales absorben el verde con la misma avidez que el cordero la leche. El calor del día apenas es suficiente para cocer ese verdor y alimentarlo. Por ello la esmeralda es un poderoso remedio contra todas las debilidades y enfermedades del hombre, porque el sol la produce y su sustancia procede del verde del aire [43].

Todas estas apreciaciones nos orientan en torno al hecho de que, metafóricamente hablando, lo verde, así como todo *lo relacionado con lo vegetal,* ha estado siempre vinculado a todo aquello que tiene que ver con los procesos de crecimiento y desarrollo interior o exterior de los humanos.

En 1860, John Ruskin describía la pujanza con la que la joven planta describe su futuro crecimiento.

El joven vástago se comporta desde un principio con toda la dignidad de un árbol: sólo él conduce sus ramas de tal manera que, con un tallo fuerte y recto que le mantendrá en pie sobre el suelo, creará la base para su vida futura [44].

---

[43] BIEDERMANN, Hans, *op. cit.,* p. 476.
[44] RUSKIN, John, en SACHSSE, Rolf, *Karl Blossfeldt. Fotografías,* Benedikt Taschen, Köln, 1994, p. 16.

Partiendo de estas consideraciones nos apoyamos en Lakoff y Johnson, para quienes las metáforas también son capaces de crear realidades:

Las metáforas tienen implicaciones por medio de las cuales destacan y hacen coherentes ciertos aspectos de nuestra experiencia. Una metáfora determinada puede ser la única forma de destacar y organizar de forma coherente precisamente esos aspectos de nuestra experiencia. Las metáforas pueden crear realidades, especialmente sociales. Una metáfora puede convertirse en guía para la acción futura. Estas acciones desde luego se ajustarán a la metáfora. Esto reforzará a su vez la capacidad de la metáfora de hacer coherente la experiencia. En este sentido, las metáforas pueden ser profecías que se cumplen [45].*

Si seguimos la línea metafórica apuntada por Lakoff y Johnson, la filosofía y el pensamiento contemporáneos han relacionado los conceptos de *Naturaleza* y sociedad con una imagen específica del mundo vegetal: el rizoma. Este elemento particular de la Botánica se ha utilizado para representar los síntomas de una sociedad caracterizada por específicas dinámicas sociales, como desplazamientos y nuevas migraciones, fruto lacerante de las políticas y de las economías capitalistas y neoliberales. Estos procesos han determinado nuevas estrategias geopolíticas en el mundo del arte. A su vez, ciertos pensadores han construido todo un sistema de pensamiento con base en las características particulares de este pequeño ser tan aparentemente intrascendente, como la hierba. La hierba, como elemento característico del mundo vegetal, refleja en nuestra opinión, ciertas cuestiones en las que se insertan los intereses del arte de hoy con respecto no sólo a *lo vegetal*, sino también en lo que se refiere a la filosofía contemporánea y, en otro extremo, a tecnologías como

---

[45] LAKOFF, George y JOHNSON, Mark, *Metáforas de la vida cotidiana*, Cátedra, Madrid, 2007, p. 198.

Internet. En la actualidad, se habla del mundo de Internet haciendo referencia a una suerte de red-rizoma, un sistema que no tiene ni principio ni fin. La obra de Deleuze y Guattari es un claro ejemplo de ello.

En 1976 estos autores publican la primera edición francesa de *Rizhome (Introduction)*[46]. El sentimiento estético-social plasmado en su filosofía sirve como un buen hilo conductor para el análisis de la proliferación de artistas relacionados con *lo vegetal*. De hecho, Maite Larrauri, en *El deseo según Gilles Deleuze*[47], plantea la comparación social del ser humano con la hierba como elemento rizomático, acercándonos a la temática vegetal para tratar de encontrar un fundamento a la obra de artistas que utilizan *lo vegetal* en sus prácticas.

En Botánica, entendemos el *rizoma* como tallo o parte subterránea y generalmente horizontal del entretejido que conforman las raíces de ciertas plantas. Este tipo de estructuras pueden ramificarse, permitiendo que desde una parte de ese entramado surjan otros tallos, facilitando así la multiplicación vegetativa y la proliferación de la planta. Para comprender el concepto de rizoma en su sentido originario debemos establecer una primera diferencia entre la habitual configuración individual arborescente y la configuración rizomática. Es necesario corregir la tendencia habitual en el observador de la vida vegetal, de dar más importancia a lo que se ve desde *arriba*, como los tallos, los troncos o las ramas etc., que a lo que está *abajo*. En el tipo de estructuras rizomáticas, además de la parte visible superior, encontramos por debajo un entramado, aparentemente caótico, que parece no estar respondiendo a ningún orden jerárquico, pero que posee una capacidad de autorregeneración de la que carecen, por ejemplo,

---

[46] DELEUZE, Gilles y GUATTARI, Félix, *Rizoma. Introducción,* Pre-Textos, Valencia, 1977.
[47] LARRAURI, Maite, *El deseo según Gilles Deleuze,* Tándem, Valencia, 2000.

organismos superiores como los animales, que no tienen la posibilidad de regenerar un individuo nuevo desde una parte de ellos mismos. En cambio, muchas plantas, en especial las rizomatosas, sí que poseen la capacidad de reproducirse a partir de un fragmento.

Un primer uso de la aplicación de la metáfora de la vida vegetal al ámbito de las Ciencias Humanas es atribuido a Carl Jung.

> *La vida se me ha parecido siempre como una planta que vive de su rizoma. Su vida propia no es perceptible, se esconde en el rizoma. Lo que es visible sobre la tierra dura sólo un verano. Luego se marchita. Es un fenómeno efímero. Si se medita el infinito devenir y perecer de la vida y de las culturas se recibe la impresión de la nada absoluta; pero yo no he perdido nunca el sentimiento de algo que vive y permanece bajo el eterno cambio. Lo que se ve es la flor, y ésta perece. El rizoma permanece* [48].

De la misma manera, los citados Gilles Deleuze y Félix Guattari utilizan la metáfora del rizoma para definir uno de los conceptos centrales de su obra. En *Rizoma*, texto que será utilizado como capítulo introductorio de *Mille plateaux. Capitalisme et schizophrénie (Mil Mesetas. Capitalismo y esquizofrenia)*, se afirma que un rizoma no tiene ni principio ni fin y que siempre se encuentra en el medio, entre las cosas, actuando como un ser-entre, es decir, como una especie de *intermezzo*. Mientras que el árbol es filiación, el rizoma es suma, alianza. Si el primero impone el verbo ser, el segundo se caracteriza por la conjunción y la adición.

> *¡Haced rizoma y no raíz, no plantéis nunca! ¡No sembréis, horadad! ¡No seáis uno ni múltiple, sed multiplicidades! ¡Haced la línea y no el punto! La velocidad transforma el*

---

[48] JUNG, Carl Gustav, *Recuerdos, sueños, pensamientos,* Seix Barral, Barcelona, 2001, p. 18.

punto en línea. ¡Sed rápidos, incluso sin moveros! Línea de suerte, línea de cadera, línea de fuga. ¡No suscitéis un General en vosotros! Nada de ideas justas, justo una idea (Godard). Tened ideas cortas [49].

Si bien Deleuze y Guattari son conocidos como precursores de estas formas de pensamiento, es imprescindible recordar en este hilo de ideas, el análisis filosófico de la obra de Gregory Bateson, quien con una trayectoria anclada en diversas disciplinas, constituye uno de los últimos intentos de integración de lo uno y lo múltiple en un marco explicativo global. Bateson nos refiere un silogismo sobre la hierba, con el que consigue establecer una simbiosis similar a la que Goethe trataba de acercarnos:

La hierba muere.
Los hombres mueren.
Los hombres son hierba [50].

Bateson usa este silogismo –que, como él mismo apunta en su texto, pertenece a E. von Domarus[51]– para contraponerlo al silogismo tradicional de Sócrates, conocido como Bárbara[52]. Con ello desea plantearnos que ésta es la manera en la que se desarrolla una buena parte de su pensamiento y, también, cómo la misma es utilizada por los poetas para exponer el suyo.

---

[49] DELEUZE, Gilles y GUATTARI, Félix, *op. cit.*, p. 56.

[50] BATESON, Gregory, "Los hombres son hierba: La metáfora y el mundo del proceso mental", en BATESON, Gregory, *Una unidad sagrada. Pasos ulteriores hacia una ecología de la mente*, Gedisa, Barcelona, 1999, pp. 305–313.

[51] Domarus fue un psiquiatra de la primera mitad del siglo XX que escribió un ensayo en el que señalaba la forma en la que los esquizofrénicos tienden a hablar y a pensar mediante silogismos que tienen la estructura general del silogismo de la hierba.

[52] "Los hombres son mortales. Sócrates es un hombre, luego Sócrates es mortal".

Bateson afirma que esa forma de pensar se llama metáfora y que, aun no siendo lógicamente genuina, es una útil contribución a los principios de la vida, alegando que la vida misma tal vez no se rige siempre por aquello que es lógicamente genuino.

Tras examinar largamente la estructura del silogismo de la hierba, Bateson comprobó que difiere del silogismo de Sócrates por el hecho de que este último, lingüísticamente hablando, identifica a Sócrates como sujeto y miembro de la clase de los mortales, mientras que el silogismo de la hierba, en lugar de clases o sujetos de oraciones, identifica predicados, en tanto que aquello que muere es igual a todo aquello que muere. El mundo de las analogías y de la homología[53] es retomado por Bateson para proponer que en sus inicios, los organismos se desarrollaban mediante procesos evolutivos que compartían predicados puesto que, hasta la invención del lenguaje, el mundo biológico se las ingeniaba sin la separación entre sujetos y predicados.

Se las compusieron para organizarse en su evolución, de suerte que hubo predicados compartidos entre el caballo y el hombre, que es lo que los zoólogos llaman hoy homología. Y era evidente que la metáfora no pertenecía sólo a la bonita poesía, la metáfora no era ni buena ni mala lógica, pero era en verdad la lógica sobre la cual se había construido el mundo biológico, su característica principal y el cemento organizador de este mundo del proceso mental

---

[53] La homología es el estudio comparativo de los seres vivos, estableciendo las relaciones existentes entre las partes orgánicas de los mismos que, aun siendo diferentes, tienen determinantes genéticos que implican un mismo origen evolutivo. Las analogías por contra, fruto de una convergencia evolutiva, se establecen cuando encontramos estructuras semejantes o con funciones similares, pero cuyo origen y desarrollo embrionario fueron diversos.

que he estado tratando de esbozar para ustedes de uno u otro modo [54].

Las resonancias que estas teorías aportan a nuestro análisis son múltiples. Por un lado, podemos comprobar que el tema de *lo vegetal* es una fuente importante de reflexión y una amalgama de metáforas no sólo para artistas, sino también para filósofos. Por otro lado, Bateson nos ayuda, con sus teorías, a explicar en parte, el sentir contemporáneo de los artistas que utilizan *lo vegetal* en su trabajo, referenciando su discurso con el sentir contemporáneo de lo social en el mundo.

Bateson formula que si dos individuos tienen un atributo determinado, ambos son en cierta manera iguales, remitiéndonos a que ésta, que aparentemente podría ser la forma habitual de pensamiento de los sicóticos, es asimismo la lógica de múltiples fenómenos como la metáfora o el sacramento. La ecología batesoniana sostiene que éste es un modelo de pensamiento válido y capaz de construir un *sistema ecomental* plausible, para concebir la epistemología, entendida como objeto de conocimiento científico.

El método de búsqueda denominado por Bateson como "método de la comparación doble o múltiple", se ancla en los terrenos de la estética y lo sagrado, observando varios fenómenos distintos entre sí, para descubrir la analogía subyacente en ellos. En definitiva, la lógica de Bateson (y por eso nos parece pertinente nombrarla aquí) busca, al igual que sucede con muchos de los artistas que utilizan como referente *lo vegetal* en su obra, la pauta que conecta lo humano con la *Naturaleza*. Una *Naturaleza* representada en *lo vegetal* y que se traduce en un proceso que fluye, de forma continua, entre las relaciones humanas y el mundo de las plantas.

---

[54] BATESON, Gregory, *op. cit.*, pp. 312-313.

La pauta batesoniana ofrece un problema de organización y de morfogénesis. Cuando Bateson se plantea cuál es la pauta que conecta al cangrejo con la langosta, a la orquídea con el narciso y a los cuatro con él mismo, no busca una identidad de patrones estáticos, susceptibles de clasificación, sino el resultado de la relación entre ellos. Patrones y procesos no deben concebirse por separado, puesto que la vida, desde el punto de vista evolutivo, comporta estructura, pero también tiempo y movilidad: la visión correcta del mundo es aquella que atiende a las relaciones dinámicas que rigen el crecimiento.

Lo que nos interesa subrayar de todas estas reflexiones es que en nuestra opinión, lo que mueve a los artistas a referenciar su obra con *lo vegetal* (tanto a aquellos que utilizan la representación más o menos literal, como aquellos que no), es que todos presentan una búsqueda centrada en las pautas que conectan ambos mundos, el humano y el vegetal.

Siguiendo a Bateson, las interpretaciones o las historias a las que el arte y los artistas nos remiten, establecen coincidencias entre los fenómenos, por muy dispares que éstos nos pudieran llegar a parecer. Y ello de la misma manera que para este autor, el pensar en términos de historias no configura a los seres humanos como algo distinto de las estrellas de mar, las anémonas, los cocoteros o los narcisos. Suponiendo que el mundo está conectado, pensar en términos de historias es algo compartido por todos los espíritus o por todo el espíritu, tanto el nuestro como humanos, como el de los bosques o el de las anémonas.

Posteriormente, relacionando literatura y psicoanálisis, la metáfora de la hierba será nuevamente abordada por Deleuze y Guattari quienes, basándose en los escritos de Bateson, desarrollaron su pensamiento en torno a una Cultura rizomática. La idea de retomar en nuestra investigación el ya mencionado concepto de rizoma para analizar el recurso de *lo vegetal*, tiene la finalidad de recuperar el discurso sobre el *devenir* usado por Deleuze. Esto es, si *Vida* es igual a *Naturaleza*, entonces ambos tienden al *devenir* como *pauta* o, lo que es lo mismo, ambos se expresan mediante el *devenir*. Los elementos que conforman sendos conceptos nacen y mueren, es decir, se transforman; pero más allá de su proceso de desmaterialización, se mantienen en el proceso de *lo cambiante*, en la dinámica de que *lo constante es el cambio* y esta característica es fundamental para muchos artistas que, justamente, abordan en su trabajo, el arte como un proceso.

De ahí que en estas páginas observemos la metáfora *vegetal* identificando la utilización de ésta en un contexto artístico, como un fenómeno cercano a una representación de *lo social* en el contexto humano. El ser humano *deviene* hombre, más allá de su existencia como individuo, en un entorno social, de la misma manera que la vida en *lo vegetal* se mantiene: una planta muere, una flor se marchita, pero su existir vegetal continúa manifestándose en el resto de sus congéneres. Pensamos que esta característica es fundamental en el sentimiento que el ser humano tiene hacia el reino vegetal, por lo que le mantiene vinculado con los ciclos de la *Naturaleza*, convirtiendo su utilización en un recurso eficiente para mostrar determinadas circunstancias como son los procesos de formación y transformación de la identidad, personal o colectiva, así como los movimientos y los flujos migratorios dentro de la sociedad contemporánea.

Más que hablar de una analogía formal o simbólica, la comparación que pretendemos establecer es la de *lo vegetal* entendido como una sutil representación de lo social, es decir, como una metáfora de los cambios que en las últimas décadas se han producido en la sociedad contemporánea. Para utilizar elementos similares partimos del rizoma y de su distribución horizontal, en contraposición a la verticalidad del árbol, como elemento clave en la clarificación del proceso.

De nuevo en Deleuze, la lógica de Bateson subyace en la idea del silogismo de la hierba, donde la mortalidad –como concepto– es la que transita, dejando a su paso tanto a los hombres como a la hierba.

Nada fácil percibir las cosas por el medio, y no de arriba abajo o al revés, de izquierda a derecha o al revés: intentadlo y veréis cómo cambia todo. No es fácil ver la hierba en las cosas y las palabras [55].

El silogismo de la hierba cuyo origen explicamos anteriormente, establece una "relación loca", siguiendo a Larrauri: "una identificación sin sentido en el plano de la lógica, entre el sujeto universal los hombres y el sujeto particular la hierba". Sin embargo, nos ayuda a entender el concepto de rizoma y el porqué deberíamos aprender a observar el crecimiento horizontal de las plantas, dejando de lado la estructura arborescente de la Cultura que, mediante la imagen del árbol, las estructuras arborescentes y las raíces fijas, impide el movimiento.

La cultura rizomática multiplica las relaciones colaterales, crece y se amplía hasta donde llega su propia fuerza; su territorio no conoce las vallas porque se delimita por la potencia con la que es capaz en cada momento de ocupar el espacio [56].

Hasta aquí, la metáfora empleada por Deleuze para explicar su epistemología converge con la decisión, de emplear las plantas como un referente, dentro del arte, que va más allá de la realidad de las mismas. Su uso, lleva implícitos conceptos como los de conexión, multiplicación, dispersión, crecimiento y semejanza, muchos de los cuales son rescatados en la actualidad por los artistas para replantear una nueva conciencia

---

[55] LARRAURI, Maite, *op. cit.,* p. 18.
[56] LARRAURI, Maite, *op. cit.,* p. 58.

frente al deterioro de nuestro mundo. En la conjunción y en la suma se desraíza el verbo ser. Deleuze y Guattari plantean incluso el *rizomorfismo* como lo más específico de la Botánica y dan continuidad a este principio en estructuras habitacionales de diferentes colectivos de animales, como hormigas o ratas. Más allá de estos planteamientos, en nuestro discurso extendemos el concepto de rizoma a la *praxis* y la producción artística relacionada con las plantas, en este devenir que sugiere Deleuze, dirigido a la producción de inconsciente.

Todas estas consideraciones nos llevan a afirmar que, en el terreno artístico, representar la *Naturaleza* no es el objeto último no sólo de la pintura, sino tampoco de la escultura. El elemento polisémico y la riqueza expresiva que conlleva dicha representación, restringen el análisis pormenorizado sobre cómo, a lo largo de la historia, se ha representado la misma más o menos de manera naturalista, dirigiendo el objetivo hacia las diferentes voluntades artísticas de cada sociedad o artista. Cabe apuntar, que la tridimensionalidad y lo matérico de la escultura han impedido habitualmente confundir la realidad con su representación, salvo en lo que se refiere a los hiperrealismos, con lo cual podríamos sugerir que no ha habido, como sucede en la pintura, una ilusión de engaño o el conocido *trompe l´oeil*.

La omnipresencia en todos los ámbitos del conocimiento humano de las categorías de estudio sobre *lo vegetal* es, sin lugar a duda, como hemos visto hasta aquí, uno de los factores interesantes a resaltar. Tradicionalmente la *Naturaleza* ha sido la gran maestra de las formas no sólo en lo que se refiere a lo orgánico, sino también en el mundo de la ficción. Así sucede por ejemplo, con las aparentemente extrañas formaciones que, a partir de los años setenta del siglo pasado, han aparecido en ciertos lugares del mundo. Construcciones en las que se observan formaciones y desarrollos geométricos, inscritos o trazados en campos de cultivo de grandes dimensiones, que aparecen cultivados y cosechados con estratégicas formas. En este sentido, las citadas construcciones e, incluso, la simple representación de una calabaza, nos hablan de un tiempo en el que se produce un crecimiento y, paralelamente, de un crecimiento que necesita de un tiempo.

En la actualidad los llamados *Crop circles* (*Círculos de cultivo*) constituyen dentro de la Cultura popular, una peculiar muestra de conjunción entre matemáticas, vegetación y *Naturaleza* domesticada. Un ejemplo contemporáneo de –como ya había sugerido Eugène Viollet-le-Duc en 1879– de que la geometría forma parte tanto de la *Naturaleza,* como de nuestra cotidianeidad.

La geometría está en todas las cosas, se la encuentra por todas partes, es la gran maestra de la Naturaleza. Por ello hay que conocerla si se quieren observar y comprender las cosas de la creación [57].

En nuestro caso, y a nivel artístico, sentirnos en relación directa con una pequeña planta, como puede ser una hierba, para rendirle un homenaje, sugiere un proceso vinculable con la admiración que el fotógrafo alemán Karl Blossfeldt (1865-1932) tenía con el mundo vegetal.

De hecho, sus recorridos y paseos sistemáticos por los campos cercanos a su casa, realizados con el objetivo de recolectar y documentar sus pequeños hallazgos vegetales, lo convierten en un referente no sólo del mundo de la imagen, sino también del mundo del arte. Su particular mirada detenida en el detalle podemos apuntar que es similar a nuestra admiración hacia todo aquello que consideramos parte de nuestra propia naturaleza humana.

En esta mirada están presentes, tanto el discurso sobre la dicotomía entre *Naturaleza* y Cultura, como el discurso ecológico, todo ello matizado por la seducción –siguiendo a

[57] VIOLLET-LE-DUC, Eugène, en SACHSSE, Rolf, *op. cit.,* p. 18.

August Endell- que ejercen en nosotros, las mismas formas vegetales:

Quien no se ha sentido embelesado por las exquisitas curvaturas de los tallos de hierba, la maravillosa inexorabilidad de la hoja de cardo, la acre juventud de los capullos de hojas brotando; a quien nunca ha cautivado la forma maciza de una raíz, la fuerza inquebrantable de la corteza que ha estallado, la fina flexibilidad del tallo del abedul, la gran serenidad de las amplias masas de hojas, sintiéndose conmovido en lo más profundo de su alma, nada sabe de la belleza de las formas [58].

Interesante al respecto es el punto de vista de Cuauhtémoc Medina, para quien las imágenes de Blossfeldt están en concordancia con el *Jugendstil*, o "estilo joven", propio del Art Nouveau. Un estilo cuyo objetivo era propiciar la imagen de un nuevo tipo de hombre, capaz de indagar, libre y directamente en las formas naturales, intuiciones nuevas que, sin intermediarios históricos, lograran percibirse de manera independiente de las anteriores fases evolutivas de la ornamentación.

Para Blossfeldt sus trabajos sobre plantas suponían una colaboración en la recuperación de una nueva relación con la *Naturaleza*. Estas imágenes debían despertar nuevamente el sentido por la *Naturaleza*, señalando la rica variedad de sus formas y ensalzando la observación individualizada de la flora y del patrimonio vegetal nacional[59].

---

[58] ENDELL, August, en SACHSSE, Rolf, *op. cit.*, p. 32.
[59] MEDINA, Cuauhtémoc, "Prototipos y últimos modelos: Blossfeldt y Fontcuberta (1994)", en FONTCUBERTA, Joan, *et al.*, *Ciencia y fricción. Fotografía, naturaleza, artificio,* Mestizo, Asociación Cultural de Murcia, Murcia, 1998, p. 71.

Varios críticos y autores, tanto de su época como actuales, coinciden en la insistencia casi espiritual con la que Blossfeldt se acercaba a sus modelos vegetales. Para Gert Mattenklott, Blossfeldt no era un entusiasta de la cámara, sino un amante de las plantas[60].

Por mucha geometría, por mucha simetría, por mucho carácter de catálogo de plantas, repentinamente aparece algo impenetrable, algo misterioso [61].

Estas fotografías revelan un tesoro de analogías y formas completamente inesperado en las plantas. Sólo la fotografía es capaz de ello. Pues se precisa una fuerte ampliación para que esas formas se quiten el velo que ha echado sobre ellas nuestra indolencia [62].

Blossfeldt, que normalizaría el estándar de la fotografía científica botánica, no sólo veía en sus humildes plantas verdaderos paradigmas y modelos de emulación, sino también ejemplos de las leyes universales de la armonía y de la belleza. La finalidad didáctico–escultórica del origen de estas imágenes, derivaría posteriormente en la conversión de Blossfeldt en exitoso fotógrafo.

Sus fotografías sobre plantas, sin mayor ánimo creativo que el de servir de inspiración como modelos para sus clases de talla y forja ornamental, ofrecían –frente a la austera economía de recursos– una elegante técnica. Sus imágenes recurren a la verosimilitud atribuida a la fotografía (método de convencimiento) para plantear una retórica de la *Naturaleza,* donde lo pequeño y lo grande se perciben como lo mismo o de igual magnitud, donde microcosmos y macrocosmos se vuelven equivalentes.

---

[60] MATTENKLOTT, Gert, en SACHSSE, Rolf, *op. cit.*, p. 84.
[61] HEISSENBÜTTEL, Helmut, en SACHSSE, Rolf, *op. cit.*, p. 90.
[62] BENJAMIN, Walter, en SACHSSE, Rolf, *op. cit.*, p. 42.

Las reflexiones que aquí referimos en torno a la obra de Blossfeldt, expresadas por varios autores, definen en gran medida nuestra hipótesis, por lo que estas visiones nos aportan luz para acercarnos a nuestros planteamientos con respecto a *lo vegetal*. Un planteamiento que es expresado con claridad por Vilém Flusser, quien identifica con la *Naturaleza*, y en particular con la naturaleza vegetal, una de las virtudes que más admiramos los seres humanos: la voluntad de seguir adelante o como él la llama, la "extraordinaria necedad" de las plantas. Al respecto, señala:

> *[...] las nuevas informaciones genéticas nacen por error, debido a una trasmisión incorrecta de la información de una base a otra. La gran mayoría de tales informaciones es un absurdo sin importancia; sólo una ínfima parte de estas mutaciones engendra nuevas especies y es responsable de la evolución biológica. Esto quiere decir que la "Naturaleza" (sea esto lo que fuere) es increíblemente necia, y lo que nosotros tanto admiramos en las plantas es precisamente esta extraordinaria necedad* [63].

La fotografía de plantas ha oscilado entre dos modalidades extremas: una descriptiva y científica, al servicio de biólogos y botánicos; y otra, más mística y poética, con nombres como los de Edward Weston o Imogen Cunningham. Para Joan Fontcuberta, Blossfeldt aunando ambas, es uno de los más destacados autores de la Nueva Objetividad.

Según Fontcuberta, Blossfeldt logró, sin pretenderlo expresamente, la sistematización más rigurosa hasta entonces conseguida, en relación con la documentación botánica. Todo ello a pesar de utilizar recursos mínimos, como los cambios de escala o la ausencia precisa del contexto de lectura, que conseguían sumergir al espectador "en un universo de formas

---

[63] FLUSSER, Vilém, en SACHSSE, Rolf, *op. cit.*, p. 81.

fantásticas en el que se pierde la identidad del modelo"[64]. El mismo Blossfeldt refleja con sus propias palabras la intención específica de sus imágenes:

Pero la planta nunca cae en una configuración meramente objetiva; forma y conforma según las leyes de la lógica y la funcionalidad, y obliga, con una fuerza primigenia, a que todo tome una forma altamente artística[65].

Cabe destacar que, en contraposición al tratamiento otorgado a las plantas por Blossfeldt, en sus fotografías, Fontcuberta elaboraría su colección de fotografías *Herbarium* (1984), en la cual, paradójicamente, las plantas son consideradas en realidad como pseudoplantas o pequeños *assemblages* que son construidos a partir de diferentes materiales orgánicos e inorgánicos. El artista, haciendo pasar por verosímiles estas hibridaciones insólitas, no se erige como documentalista, sino como visionario y diseñador genético que, aparentemente, recrea especies en concordancia con la nueva relación que el hombre establece con una *Naturaleza* y con un paisaje alterados por sus propias acciones. Con *Herbarium,* Fontcuberta realiza un trabajo similar al de Blossfeldt en tanto en cuanto ambos utilizan la fotografía como medio para hacer pasar por verosímiles sus composiciones híbridas. El mismo Fontcuberta declara el juego al que somete al espectador mediante sus composiciones:

Herbarium *hace pasar esos montajes por verdaderas plantas, mientras que Blossfeldt fotografiaba las verdaderas plantas de modo que pareciesen ornamentos arquitectónicos*[66].

---

[64] FONTCUBERTA, Joan, "Contravisiones: la fotografía otra", en FONTCUBERTA, Joan *et al.*, *op. cit.*, pp. 33–55.

[65] BLOSSFELDT, Karl (1932), en SACHSSE, Rolf, *op. cit.*, p. 44.

[66] FONTCUBERTA, Joan, "Contravisiones...", en FONTCUBERTA, Joan *et al.*, *op. cit.*, p. 53.

Esta visión de Fontcuberta es importante, dado que con el escepticismo crítico de su obra propone un discurso alternativo con el que cuestiona tanto la objetividad de la fotografía como la validez del realismo en sí. Del mismo modo, algunos artistas actúan de forma similar, ya que con sus representaciones y presentaciones de *lo vegetal*, cuestionan no sólo los parámetros de los discursos establecidos sobre lo natural, lo artificial o nuestra forma de vivir, sino también nuestra Naturaleza como humanos.

Por último, y respecto a la obra de Fontcuberta todavía, Castro Flórez nos ofrece una visión que responde a parte de los cuestionamientos que realizan los artistas que trabajan con *lo vegetal*. Este autor nos habla del carácter retórico de la verdad y cómo ello obsesiona a Fontcuberta, al punto de responder al mismo con una estrategia de producción de espejismos y simulacros. Castro Flórez, siguiendo a Nietzsche, recuerda que las verdades, al fin y al cabo, son ilusiones que se nos ha olvidado que lo son; metáforas que se han vuelto gastadas y sin fuerza.

A su vez, junto con Baudrillard, nos advierte sobre el uso de la seducción y del *trompe l´oeil*, no para confundir lo real, sino para "producir un simulacro con plena conciencia del juego y del artificio: sobrepasar el efecto de lo real para sembrar una duda"[67].

Según Castro Flórez y siguiendo a Craig Owens, habría que diferenciar el impulso deconstructivo característico del arte postmoderno en general, de la tendencia autocrítica del modernismo que presupone la mímesis o la adecuación de una imagen a su referente:

---

[67] CASTRO FLÓREZ, Fernando, "Notas sobre el (d)efecto de la realidad, 1995", en FONTCUBERTA, Joan *et al.*, *op. cit.*, pp. 271-283.

[...] puede ponerse entre paréntesis o suspenderse y [...] el objeto de arte en sí puede ser sustituido (metafóricamente) por su referente. El postmodernismo ni pone entre paréntesis, ni suspende el referente, sino que trabaja para problematizar la actividad de la referencia, para teatralizar la representación [...] [68].

Hasta aquí hemos visto como el discurso en torno a *lo vegetal* no es algo novedoso, sino que es una realidad recurrentemente vinculada con el ser humano. Desde siempre nos hemos visto expuestos a la sorpresa que generan la contemplación y la curiosidad por el mundo de las plantas. Algo que nos hace percibirnos, en relación con la *Naturaleza* y con nosotros mismos, como individuos y como seres que vivimos en sociedad.

Salvando las distancias, Blossfeldt y sus coetáneos sintieron una suerte de nuevo Romanticismo que, al igual que en la actualidad, impulsa a nuestros contemporáneos a replantearnos cuál es, en realidad, nuestra relación con la vegetación que nos rodea, desde árboles o selvas, hasta hierbas o flores.

Los artistas de hoy encuentran categorías que desarrollan a través de un coleccionismo de experiencias en el terreno de la creación de imágenes. Esta actitud pone de relieve cómo muchos de ellos están trabajando no sólo sobre la específica topología del lugar, sino también sobre el rescate de lo que se puede entender como trivial, hecho que conlleva clasificar experiencias a la manera en la que Bourriaud define a un semionauta [69]. Es decir, como alguien que inventa nuevos itinerarios y relaciones en el interior de un paisaje de signos ya

---

[68] CASTRO FLÓREZ, Fernando, "Notas sobre el (d)efecto...", en FONTCUBERTA, Joan *et al., op. cit.*, p. 279.
[69] BOURRIAUD, Nicolas, *Postproducción. La cultura como escenario: modos en que el arte reprograma el mundo contemporáneo*, Adriana Hidalgo editora, Buenos Aires, 2009, p. 14.

existente, pero que el artista desplaza y reorienta en sus significados.

En conclusión, el uso de *lo vegetal* en el arte presenta, amén de una extensa carga semántica y retórica -a través de metáforas, alegorías o metonimias-, una estrecha relación con la simbología de un inconsciente colectivo fraguado en la experiencia cotidiana. Sin embargo, junto a ello, también es importante considerar el factor temporal en tanto que realidad que, afectando al mundo vegetal de una forma diferente a la humana, no por ello deja de repercutir en la obra artística. Algo que se constata por medio del uso de "lo procesual", entendido como requerimiento de un tiempo específico; o por la propia utilización de la noción de "lo efímero", concebida como discurso de lo transitorio o perecedero.

3. La presencia de *lo vegetal* en el arte contemporáneo

El arte contemporáneo ha incursionado ampliamente en torno al binomio *Naturaleza* y Cultura. Por ello, consideramos que el interés por *lo vegetal* detectado en el arte de nuestros días es fruto de una inquietud que los artistas manifiestan ante los cambios y vivencias que se están experimentando en los últimos años.

Tras los grandes movimientos artísticos del *Povera*, del *Land Art*, de los *Earthworks* y de sus subsiguientes manifestaciones, y fuera de los grandes circuitos de arte consagrado al respecto, en la actualidad se mueven un nutrido círculo de creadores que perpetúan ciertos conceptos instaurados por estos movimientos. Numerosos artistas tienen como referencia en su obra todas aquellas consideraciones que promulgaban estos movimientos. La inclusión de materiales desechables, efímeros o pobres en el *Arte Povera*, como en otro tiempo se denominaban todos aquellos que no fueran la piedra, la madera o el bronce, es una fuente de inspiración para muchos artistas, aunque con distintos planteamientos.

Debido a las circunstancias económicas actuales de migraciones y movimientos humanos, de tecnologías y economías globalizadas, llega hasta nosotros información en torno a obras y productos que en otro tiempo no hubieran sido fácilmente accesibles. Habitualmente se considera el *Land Art* como la culminación de los puntos de partida y de los pretendidos presupuestos históricos tanto del arte ecológico como del *Arte Povera*. Como puntos de partida, estas tendencias artísticas sirvieron para abrir el contexto del arte hacia una realización más conceptual, de modo que las obras que se integraron en estas corrientes abandonaron el marco del estudio, de la galería o del museo para materializarse en contextos naturales. La exposición *Earthworks* en la galería Dwan de Nueva York, en 1962, consolida esta tendencia.

No obstante, el arte de la *Naturaleza* tiene sus antecedentes en el trabajo de artistas como Manzoni, Fautrier, Dubuffet o Tàpies que anteriormente ya habían utilizado en sus obras diversos materiales –arena, tierra, piedras o cantos rodados– como un claro referente al medio natural. Sin embargo, es con la llegada del *Land Art* y del arte de la *Naturaleza* o *Natur-Kunst*, con Timm Ulrichs, cuando la obra sale del interior de la galería al medio ambiente, y cuando la *Naturaleza*, considerada tanto como material y como espacio de intervención, se reivindica como elemento conformador de la obra. A su vez, Ulrichs en obras como *Colores de camuflaje* (1969) y *Ataques quirúrgicos del árbol* (1971), se mantendrá en la línea europea de un arte de la *Naturaleza* de pequeñas dimensiones.

Para Simón Marchán Fiz[70] el *Land Art* es, en general, la versión anglosajona del *Arte Povera*. Si el *Land Art* expresó el momento culminante de autoafirmación de la Cultura tecnoindustrial, por la grandeza de sus proyectos y la evidencia física de las formas, en contrapartida en la parte europea se desarrolla paralela y simultáneamente, lo que se han denominado *Intervenciones mínimas.* La tendencia en este arte es intervenir en la *Naturaleza* prácticamente sin que se note, haciendo de la fragilidad un

---

[70] MARCHÁN FIZ, Simón, *Del arte objetual al arte de concepto (1960-1974). Epílogo sobre la sensibilidad "postmoderna",* Akal, Madrid, 1997, p. 217.

instrumento de defensa del lugar, proponiendo un nuevo modelo de intercambio ente la humanidad y el medio.

En este contexto, reivindicar la debilidad presupone cuestionar las bases tradicionales de la Cultura hegemónica, rechazando con ello el dominio por la fuerza aplicado por el ser humano hasta el momento y reflejado en los grandes símbolos monumentales de autoafirmación. Esto supone, siguiendo a José Albelda, cuestionar nuestro papel colonizador y reconsiderar con ello, la relación entre la potencia y la escala, ya que desde lo mínimo, se puede comunicar más intensamente cosas, y se asume que mediante lo leve y lo respetuoso, se renuncia a la autoría y al protagonismo en las intervenciones.

De este modo, se puede reivindicar una nueva voluntad encaminada a equilibrar, mediante el arte como medio y símbolo fundamental de la Cultura, nuestra dinámica de intercambio con el medio, pasando éste a asumir un papel más protagonista, no sólo como escenografía, sino como origen y espíritu de las obras. Esto supondrá situarnos frente a proyectos y obras tridimensionales que más que ubicarse en la *Naturaleza,* hundirán sus raíces en ella para explorar el elemento natural como entidad autónoma:

La coincidencia con aspectos del pensamiento ecológico confirma, no una dependencia o una militancia, sino la común expresión de un incuestionable signo de los tiempos [71].

El arte no mediático, por tanto, apuesta por la diversidad y por una multiplicidad de concepciones en torno a lo natural que se expresan en posturas plásticas personales y diferenciadas, aunque manteniendo presupuestos conceptuales comunes. En general, se trata de intervenciones en el medio que, procedentes de la tradición escultórica (Goldsworthy, Udo, Laib,

---

[71] ALBELDA, José y SABORIT, José, *op. cit.*, p. 146.

Penone, etc.), reconstruyen lo natural como sujeto, optando por una *Naturaleza* esencialmente vegetal y viva que se contrapone al trabajo de otros artistas del *Land Art* (Heizer, De Maria, Smithson) que optaban por lugares, alejados y minerales, donde la *Naturaleza* era ante todo materia y territorio.

Frente a estos últimos, los primeros, se decantan por moverse en un terreno que se sitúa entre la sutileza y la metáfora, reivindicando el lugar -sea genuino o simulado- como metáfora de *Naturaleza*, renunciando al protagonismo del autor o la obra frente al medio. Para Albelda la obra de estos artistas muestra cierta nostalgia:

> *[...] la añoranza de un orden ahora excepcional y contribuyen a la construcción de una escenografía que tiende a renunciar a lo sublime, optan selectivamente por un tipo de belleza que descarta otros aspectos inherentes a lo natural, como el riesgo y la muerte, pero sobre todo la podredumbre, la fealdad* [72].

Podríamos cuestionar parte de esta explicación, ya que algunos de los artistas que veremos a continuación, trabajan con la podredumbre, la fealdad u otros procesos que pueden no estar bajo el control del artista y que implican una aceptación de una *Naturaleza* en transformación como parte de la obra. Son los casos, por mencionar ejemplos distantes, de Anya Gallaccio, de Steiner y Lenzlinger o de algunas obras de Sofía Táboas. El trabajo de estos artistas nos obliga a pensar en torno a la función referencial del lenguaje, aquella que nos permite como hablantes, la posibilidad de designar los objetos que constituyen la realidad extralingüística y que, generalmente, suele ser el objeto de la comunicación lingüística.

De esta forma, cada vez que un artista utiliza un vegetal, sea representándolo o sea presentándolo en vivo, este elemento se

---

[72] ALBELDA, José y SABORIT, José, *op. cit.*, p. 148.

convierte en una referencia que, yendo más allá del elemento presentado, alude a una realidad externa.

Ciertos enunciados lingüísticos se refieren a circunstancias extralingüísticas particulares: en ese caso se dice que denotan un referente. Por importante que sea, esta propiedad no es constitutiva del lenguaje humano: algunos enunciados la poseen, otros no. Pero también existe un tipo de discurso llamado ficcional donde el aspecto de la referencia se plantea de manera radicalmente diferente: está explícitamente indicado que las frases formuladas describen una ficción y no un referente real[73].

Como hemos visto, las plantas y, en general, la mayoría de las ideas que trasmiten los vegetales han sido en todos los tiempos motivo de inspiración para el arte. En la actualidad, artistas de diferentes culturas y de diversos ámbitos geográficos utilizan elementos vegetales como un recurso, no sólo representativo o formal, sino con toda la nueva carga semántica que conlleva la convivencia con una *Naturaleza* profundamente transformada por el ser humano.

Así, en el arte contemporáneo en particular, los artistas cuyas obras se acercan desde diferentes perspectivas a esta temática, plantean numerosas cuestiones. ¿Cuál es la razón para la utilización de *lo vegetal* en el arte contemporáneo? ¿Qué mensajes, ideas y conceptos transmite? Si bien, la incorporación de plantas vivas en una obra de arte es, sin duda, un recurso contemporáneo, las estrategias empleadas por los artistas son innumerables.

Hace unos años, la Documenta XII de Kassel albergó en el espacio de la Friedrichsplatz, el proyecto *Poppy Field* (2007) de la artista croata **Sanja Ivekovic** (Zagreb, Croacia, 1949), el cual,

---

[73] DUCROT, Oswald y TODOROV, Tzvetan, *Diccionario enciclopédico de las ciencias del lenguaje,* Siglo XXI, México, D. F., 2005, p. 301.

una vez desarrollado, lograba modificar significativamente el uso público de la plaza. La obra planteaba -mediante la construcción paisajística de un frondoso campo de amapolas en flor- la imagen de un paisaje cuya finalidad no incidía fundamentalmente en su nivel de percepción estética. Las relaciones que la artista establecía entre la pieza, el entorno y la sociedad muestran cómo, desde un punto de vista artístico, se puede entender una obra en proceso, en la cual, una parte de la *Naturaleza* (la vegetal) interviene desde sus propios "tiempos", estableciendo la idea de una obra en transformación. Los transeúntes que llegaban a la Documenta quedaban sorprendidos al encontrar el espacio situado frente al citado museo, en pleno corazón de la ciudad, invadido por un evocador campo de amapolas.

Sin embargo, el objetivo de la artista, más allá del horizonte poético que construye la obra, aborda el presente y la historia con un sentido crítico. Su obra remite al hecho de que desde los siglos XVIII, XIX y, en particular, durante el Nacionalsocialismo, esta plaza ha sido utilizada como lugar de desfiles militares.

La artista propone, así, recurrir a la tradición del uso público que aporta específicamente el lugar, para contraponerla con las referencias históricas y culturales de una flor, la amapola, que, si bien en la tradición cultural inglesa es considerada como símbolo de los soldados muertos durante las guerras, en los países de pasado comunista, simboliza el espíritu de resistencia y de la revolución.

En esta dialéctica, Ivekovic recupera la tierra de la plaza y hace aparecer un campo en el que siembra semillas de amapola en un 90%, sobre la superficie del mismo y un 10% de semillas de opio. Con ello, establece una crítica social que denuncia el cultivo masivo de droga en Afganistán, país que, tras la instauración por parte de EE. UU. de un gobierno democrático, se transforma paradójicamente en el mayor productor de opio. Asimismo, en una línea activista, la obra se complementa con las voces de mujeres croatas que cantaban en coro canciones revolucionarias, poniendo de manifiesto la tragedia de las mujeres afganas, que son víctimas directas de las atrocidades del comercio ilícito de las drogas.

El componente de denuncia social y la vía del arte como agente transformador no es nuevo, recordemos entre otras, la idea de escultura social y el concepto de arte expandido que reivindicaba la acción de **Joseph Beuys** (Krefeld, Alemania, 1921-Düsseldorf, Alemania, 1986) al plantar en 1982, 7.000 robles en la Documenta VII de Kassel, con la intención de reforestar la ciudad.

A partir de esta obra, podemos rastrear los orígenes del énfasis de la mirada en torno a *lo vegetal* como motivo en la escultura contemporánea. El componente ecológico y social que plantea este acto tiene al árbol vivo como material principal de su proyecto, pero sin embargo, la carga semántica de la obra recae en las personas, sus vidas y sus trabajos cotidianos. Las ideas de Beuys en torno al concepto ampliado de arte, le permiten redefinir las relaciones poéticas entre la *Naturaleza* y el hombre[74], despertando la conciencia ecológica durante los años ochenta del pasado siglo, mediante acciones de gran alcance como *El renacimiento de la agricultura* (1978) y *Difesa della natura* (1984).

Beuys utiliza el árbol como un elemento de regeneración que, en sí mismo, presenta el concepto de tiempo. El roble es especialmente adecuado porque es un árbol de lento crecimiento que encarna la idea de tiempo y de vida prolongada. Se trata, de hecho, de una forma de escultura, un símbolo para este planeta, cuyo valor sagrado el artista recupera. De esta manera, la acción de plantar siete mil robles se convierte,

---

[74] MARTÍNEZ MUÑOZ, Amalia, *De Andy Warhol a Cindy Sherman*, Universitat Politècnica de València, Valencia, 2000, p. 89.

asimismo en un principio simbólico. Junto a cada roble, Beuys colocó un monolito de basalto que marcaba el paso del tiempo.

Esta confrontación entre el basalto y el árbol reproduce la típica polaridad beuysiana entre lo cristalino (la roca) y lo orgánico y cálido (el árbol), entre escultura y plástica [...]. En los últimos años de su vida, Beuys manifestó públicamente su agradecimiento a los árboles porque [...] sufrían por nosotros [75].

Al plantar estos árboles, Beuys marca un punto de inflexión para la transformación vital de la ciudad, de la sociedad y del sistema ecológico y ambiental en el mundo. Estos siete mil árboles están considerados cada uno de ellos, como monumentos vivos en permanente transformación[76]. Si bien las piedras no crecen, al poner estos dos elementos en relación el juego proporcional entre las dos piezas del monumento, con el paso del tiempo, se transforma. Al principio, por su tamaño, las piedras dominaban al árbol, pero ahora es el árbol el que domina la composición. La acción que permanece como un gesto de renovación urbana, continuaría durante los siguientes cinco años bajo la supervisión de la Universidad Internacional Libre que por consenso popular fue plantando robles, junto con los residentes y los consejos de vecindad, en diferentes espacios públicos (centro urbano, escuelas, jardines de infancia, asociaciones locales, etc.).

El resultado ofrecía nuevas y significativas oportunidades de utilizar el espacio público. Con estas intervenciones, el arte contemporáneo nos ofrece una alternativa y una continuidad en

---

[75] BERNÁRDEZ SANCHÍS, Carmen, *Joseph Beuys*, Nerea, Guipúzcoa, 1999, p. 33.

[76] HERNANDO, Javier, "Visiones de la naturaleza: El arte y la sensibilidad ecológica", en RAMÍREZ, Juan Antonio y CARRILLO, Jesús (eds.), *Tendencias del arte, arte de tendencias, a principios del siglo XXI*, Cátedra, Madrid, 2004, p. 64.

el uso de determinados elementos del mundo vegetal para despertar la conciencia ecológica en el mundo[77]. Tanto en las acciones agrícolas de Beuys, como en la intervención de Ivekovic, el significado de los términos que se citan en la obra se reinventa críticamente para poder dar cuenta del conflicto que, de forma cada vez más evidente, confronta *Naturaleza* y ser humano. Estas obras entran en relación y establecen un vínculo muy cercano entre sí. En particular, la obra *Poppy Field* (2007) de Ivekovic, recuerda la intervención en Nueva York de la artista norteamericana **Agnes Denes** (Budapest, Hungría 1931) quien, en 1982, llevó a cabo un proyecto de arte medioambiental al plantar, entre los rascacielos del centro de Manhattan y cerca del World Trade Center, un campo de dos hectáreas de trigo, en un lote baldío junto a los vertederos de Battery Park.

La obra *Campo de trigo. Una confrontación* (1982) pretendía crear conciencia en torno al tergiversado sistema humano de valores. Ayudada por voluntarios, la artista limpió la basura de cuatro acres de tierra y extendió en ellos doscientos cincuenta camiones de tierra. De esta forma, Denes pudo revisar los ciclos naturales del crecimiento y la regeneración de las plantas. Durante cuatro meses se instaló un sistema de riego para sostener y regular el ciclo de crecimiento y finalmente, el grano de trigo cosechado viajó a veintiocho ciudades en el "Internacional Show de Arte para el fin del hambre en el mundo" y fue plantado simbólicamente en diferentes lugares del mundo.

Por su parte, aunque con estrategias de investigación diferentes, mujeres artistas como **Pipilotti Rist** (Grabs, Suiza, 1962), mediante las nuevas tecnologías de la imagen y el vídeo, plantean su visión de *lo vegetal* partiendo del uso de estereotipos aplicados a lo femenino dentro de la sociedad contemporánea. Por ejemplo, en la videoinstalación *Ever Is Over*

---

[77] D´AVOSSA, Antonio, "Joseph Beuys, Domani la terra", en *Cimal. Arte internacional,* N° 41, 1993, pp. 8-10.

All, (1997) la artista aparece con un vestido azul y unas zapatillas rojas paseando por la calle junto a una fila de coches aparcados, llevando en la mano una flor gigante que balancea como en un juego inocente. La obra, acompañada de una melancólica melodía, envuelve al espectador con la proyección en cámara lenta de las imágenes sobre las dos paredes adyacentes. En una de ellas, la cámara se centra en un frondoso campo lleno de una vegetación con flores rojas. La aparente armonía de esta imagen, superpuesta en parte con la proyección de la izquierda, se ve alterada cuando la mujer en un arranque de inexplicable violencia destruye con sucesivos y agresivos golpes de la flor, los parabrisas de toda una fila de automóviles estacionados. Las imágenes presentan en una tensión caprichosa y anárquica, el reflejo de un vandalismo carente de sentido. La artista camina golpeando las ventanillas de varios coches, cruzándose con personas, entre ellas un policía que le saluda amablemente, mientras su acción destructora parece no tener repercusión alguna. La figura de este oficial de policía y de su sonrisa de aprobación, minimiza y convierte en algo absurdo el impacto de la acción de la artista. Con colores saturados, las proyecciones son una sofisticada combinación de ingenio, humor e ironía. La ficción *versus* la realidad constituye un tema importante para Rist, en cuyo trabajo observamos una extraña combinación de pesadilla y magia, prevaleciendo éstas sobre la lógica del sentido común.

Una de las posibles lecturas de la obra, podría involucrar una dialéctica de género, en torno a lo dañino que puede resultar en la sociedad, aquellos actos aparentemente considerados como benevolentes o creativos y que, sin embargo repercuten de manera perjudicial en ciertos sectores sociales. La flor, con su aparente fragilidad, nos presenta una metáfora de la mujer y de todos aquellos estereotipos preestablecidos con respecto al género. La artista nos propone, con la violencia ejercida a través de su misma fragilidad representada en la flor y, bajo el beneplácito de las instituciones (el policía), la ruptura con este tipo de convenciones.

El trabajo artístico en torno a la dialéctica *Naturaleza* y Cultura, teniendo el elemento vegetal como protagonista es prolífico. El escultor británico **David Nash** (Esher, Surrey, Reino Unido, 1945) ha realizado desde la década de 1970 esculturas e instalaciones con árboles vivos en cuya concepción se involucran ideas vinculadas con el paso del tiempo, la colaboración y la autoría. A través de sus acciones, Nash ha redirigido el crecimiento de ciertos árboles, como es el caso de la obra *Ash Dome* (Cúpula de fresnos) (1977), en la que se observa un círculo formado por veintidós fresnos plantados en los alrededores de su casa, cuyas ramas siguen un ritmo común.

El árbol es un elemento vivo que puede trabajarse, que puede adaptarse y manipularse. El énfasis se pone siempre en la intersección de la naturaleza y la cultura humana, que no están enfrentadas, sino que son simbióticas y están relacionadas entre sí[78].

Por su parte, el escultor **Hiroshi Teshigahara** (Tokio, Japón, 1927-2001), que posteriormente reorientaría su actividad artística hacía al cine, plantea en los orígenes de su obra escultórica una íntima relación del ser humano con la *Naturaleza*. En *Bamboo* (1995) reconstruye el hábitat de dicha planta, recurriendo, como en otras ocasiones, a la práctica de realizar construcciones vegetales cuyos límites se insertan en la delgada franja entre *Naturaleza* y Cultura.

Como podemos observar, en la selección de artistas que proponemos se consideran aspectos afines a los enfoques y la sensibilidad de las ideas que dieron origen al *Land Art* y a las estéticas relacionadas con la *Naturaleza*, pero más allá de las coincidencias puntuales, las obras marcan distancias

---

[78] GRANDE, John K., *Diálogos Arte-Naturaleza*, Fundación César Manrique, Madrid, 2005, p. 35.

cualitativas respecto a dicho movimiento[79]. La selección propuesta responde a la observación de determinadas coincidencias en la selección de un elemento específico de la *Naturaleza,* el vegetal, para generar planteamientos estéticos muy diversos. Se trata de un nuevo contexto artístico, determinado fundamentalmente por un deterioro intensivo de nuestro medio ambiente y por la imposibilidad, cada vez mayor, de diferenciar entre lo natural y lo modificado por el hombre. Algunos otros artistas como **Maurizio Cattelan** (Padua, Italia, 1960) transgreden los límites de la tolerancia del espectador al cuestionar las fronteras de la ética con ironía y humor. Cattelan, al combinar esculturas con performance, señala Taiyana Pimentel, ofrece "nuevas lecturas a ideologías, situaciones y símbolos establecidos"[80].

Samm Kunce (Los Ángeles, California, EE. UU., 1956) con *Water Cultura* (1994)[81], **Henrik Hakansson** (Helsingborg, Suiza, 1968) con *After forever* (1998) o **Yoko Ono** (Tokio, Japón, 1933) con su instalación en el Museo de l´Almodí de Valencia (*Ex it,* 1997) son otros ejemplos de artistas que eventualmente recurren a *lo vegetal* para explicitar determinados simbolismos en torno al crecimiento, lo germinativo o la regeneración de la vida. Un hecho que nos permite reflexionar nuestra personalidad como humanos.

El artista **Carsten Höller** (Bruselas, Bélgica, 1961), biólogo de formación, explora el vínculo arte y Ciencia realizando construcciones que invitan al espectador a interactuar con sus proyectos. Su obra experimenta con las reacciones del público e, incidiendo en la naturaleza orgánica del ser humano, se

---

[79] PÉREZ LÓPEZ, Héctor Julio, *La naturaleza en el arte posmoderno,* Akal, Madrid, 2004, p. 10.
[80] PIMENTEL, Taiyana *et al., Las implicaciones de la imagen,* Vol. I, Museo Universitario de Ciencias y Arte, UNAM, México, D. F., 2008, p. 1966.
[81] NEMITZ, Barbara, *Trans Plant. Living vegetation in contemporary art,* Hatje Cantz Publishers, Stuttgart, 2000, pp. 88–89.

centra en la respuesta humana a estímulos específicos. En la obra *Solandra Greenhouse* (2004) el artista presenta un receptáculo metálico, similar a un invernadero, donde cultivó la planta venenosa *Solandra máxima* –planta parecida al floripondio–, la cual tiene propiedades alucinógenas y emite sustancias capaces de estimular sensaciones asociadas comúnmente a los síntomas que experimentamos en el sentimiento amoroso. La pieza está provista de luces estroboscópicas con las que consigue desorientar a los visitantes e inducir en ellos una experiencia similar a los efectos físicos del enamoramiento que, según Rodrigo Zúñiga, actúa como una parodia de la mitología en torno a este sentimiento[82].

En una línea similar, Höller también utilizará una habitación para instalar su *Upside Down Mushroom Room* (*Sala de hongos al revés*) (2000). En este trabajo, el artista intentará recrear la confusión que se experimenta al tomar drogas, de ahí que dispusiera en el techo de la estancia, gigantescas setas de color blanco y rojo que giraban sobre sí mismas. De este modo, el artista genera acontecimientos visuales en los que el verdadero material utilizado lo constituye la propia experiencia de las personas que ven sus trabajos. Sus piezas, por tanto, describen estrategias que implican al público, estimulando las sensaciones y los pensamientos para dar lugar a experiencias compartidas[83].

Podríamos considerar que uno de los artistas precursores en el uso del elemento vegetal fue **Robert Smithson** (Passaic, New Jersey, EE. UU., 1938-Amarillo, Texas, EE. UU., 1973), quien comenzó a trabajar en el diálogo entre el lugar/obra exterior y lugar/obra interior a partir de sus primeras superposiciones y estratificaciones de espejos y vidrios en las que investigaba las

---

[82] ZÚÑIGA, Rodrigo, "¿Un arte que trata con la vida?", en *La demarcación de los cuerpos. Tres textos sobre arte y biopolítica,* Metales Pesados, Santiago de Chile, 2008, pp. 43-82.
[83] BADER, Joerg, "Carsten Höller", en *Lápiz*, N° 206, 2004, p. 83.

relaciones entre formas geométricas, culturales, naturales y sociales. Sus experiencias se concretaron en los términos de *Site* (lugar/obra exterior) y *Nonsite* (lugar/obra interior), extendiendo esta dialéctica a los conceptos de *Sight* (visión) y *Nonsigth* (no visión), y donde el *Nonsite*, como obra y como fragmento del *Site* es a un espacio interior o delimitado en la galería o el museo, lo que el *Site* es al espacio abierto sin connotaciones artísticas.

En la pieza *Nonsite Mirror Displacementet* (*Desplazamiento de espejos*), realizada en 1969 en el Estado de Yucatán en México, Smithson aísla el componente conceptual de los *Nonsites*, colocando en los espacios abiertos de la selva espejos cuadrados que captaban tanto la vegetación del lugar como los desplazamientos efímeros de la luz, la atmósfera o el entorno del lugar. La voluntad de Smithson con estas obras, calificadas de *arqueología metafísica*[84], era la de transferir la tierra, la realidad física en bruto, del exterior *Site,* al interior *Nonsite,* aunque en el caso de *Mirror Displacement* el proceso parece producirse a la inversa, puesto que son obras que incorporan espejos y estructuras hechas de elementos naturales temporalmente situados en el paisaje que convierten de una manera no figurativa, la realidad abstracta sujeta a la mirada del espectador (tierra–escultura–espacio–espectador) en piezas y sistemas descriptivos del lugar específico.

Smithson deconstruye los espacios que rodean al hotel Palenque en una especie de recorrido imposible, recogiendo documentos para la conferencia que impartiría en 1969 a los estudiantes de arquitectura de la Universidad de Utah. Las fotos y dibujos que realiza son evidencias de una ausencia, de aquello que está en otro lugar, un lugar sin lógica, en su opinión, memoria de tiempos pasados que se manifestaban en un presente. Smithson interroga a los espejos y éstos, a su vez, interrogan al lugar construyendo una arquitectura entrópica del

---

[84] MARCHÁN FIZ, Simón, *op. cit.*, p. 59.

arte de mirar, memorias de un pasado remoto que cuestionan nuestra incapacidad de ver.

En opinión de Fernando Castro Flórez: "Lo que atraía a Smithson del hotel Palenque era la superposición de procesos constructivos, la ruina contemporánea"[85]. En esta dinámica Smithson recupera el sentido del azar, evidenciando las limitaciones de la percepción, la imposibilidad de percibir lo intangible que nos rodea. Sin embargo, para Tonia Raquejo, la importancia de la imagen especular en la obra de Smithson consiste en la capacidad de los espejos de ser simultáneamente lugar y no lugar. Por su naturaleza inmaterial, los reflejos pueden desintegrar el objeto que reflejan. De esta forma, la obra *Nueve desplazamientos de espejos* (1969) se configura como una experimentación en torno a las falacias de la mímesis, "aprovechando para parodiar la práctica de la pintura, que entiende el arte como reflejo de la naturaleza, de la realidad"[86]. Con todo ello, Smithson recuperaba para el arte la conciencia capaz de detectar la "falsedad en la apariencia" de la espesura de lo real, construyendo una visión crítica que favorece la percepción escéptica de nuestros sentidos.

Dentro de la dialéctica que los artistas del *Land Art* establecen entre la obra y el entorno donde ésta se sitúa, **James Pierce** (Nueva York, EE. UU., 1930-Belfast, Maine, EE. UU, 2010) nos remite a un diálogo con la *Naturaleza* propio de las culturas primitivas. Partiendo de los significados de lo primordial y desde una mirada antropológica aplicada al arte, este tipo de trabajos resaltan la cuestión telúrica vinculada a la fuerza geológica del azar, en tanto que auténtica responsable de la autoría de la obra. Pierce, con una técnica más propia del jardín paisajístico que del *Land Art,* experimenta con los materiales autóctonos y orgánicos del lugar (tierra y hierba), para elaborar

---

[85] CASTRO FLÓREZ, Fernando, "El entropólogo deconstructor", en *ABCD de las Artes y las Letras*, 21 de junio, 2008, Nº 855.
[86] RAQUEJO, Tonia, *Land Art,* Nerea, Madrid, 1998, pp. 76-81.

una metáfora adecuada a la imagen figurativa que construye. En el caso de *Earth woman* (1976), el artista dispone una serie de montículos en los que se percibe una mujer tumbada de bruces que, surgiendo de la tierra misma, queda cubierta con la hierba que crece en los alrededores. Se trata de una intervención en el paisaje que está literalmente viva, habitada por los insectos, los pájaros e, incluso, por los mamíferos propios del territorio en los que se encuentra.

Valorando el poder intrínseco de estos materiales naturales, tanto por su economía como por su duración, Pierce los utiliza sin alterar su naturaleza básica, ya que "trabaja con el paisaje [y] no contra él"[87], hecho que le posibilita adaptarse a las condiciones de la materia y el lugar. La asociación entre mujer primitiva y fecundidad de la tierra nos remite a la célebre estatuilla del Paleolítico de la Venus de Willendorf. Sin embargo, *Earth woman* no es una figura exenta, sino que se funde a través de su rostro y de su sexo con la tierra, propiciando, así, una simbología que permite la unificación en una misma entidad de trabajo escultórico y territorio. Esta pieza forma parte del proyecto *Pratt Farm*, una especie de *Jardín de la Historia* que Pierce comenzó alrededor de 1970 en Maine (EE. UU.), con la intención de reunir en un mismo espacio diferentes alusiones a las representaciones artísticas del pasado primitivo. El artista, como algunos otros representantes del *Land Art,* superpuso en el mismo espacio, tiempo pasado y presente, queriendo situar su obra en un tiempo ahistórico y jugando así con las fronteras del antes, el ahora y el después.

El lugar elegido por Pierce, se ajusta –como sucede en el caso del *Observatorio* (1971) de Morris y el señalamiento de los equinoccios mediante los rayos del sol en los cuatro vanos en forma de triángulo– al punto en el que el sol coincide en su puesta del solsticio de verano, con el centro de las nalgas de la

---

[87] BEARDSLEY, John, *Earthworks and Beyond, Contemporary Art in Landscape*, en RAQUEJO, Tonia, *op. cit.*, p. 22.

mujer. De esta manera, el artista superpone, por un lado, la consistencia biológica del material orgánico, perecedero y cambiante de las formas de la escultura; y, por otro, una existencia y un tiempo astronómico y transcendental en el que se confunde el pasado y el presente. Debido a ello, Morris convoca un tiempo cíclico fuera del devenir histórico, similar al de las estructuras míticas como Stonehenge, un tiempo circular que relaciona los ciclos de la *Naturaleza* y que permite vincular el mismo con la imagen femenina que James Pierce elabora para su *Earth woman*, hecho que propicia que el espectador cuestione la idea de progreso como respuesta unidireccional frente al futuro.

Para entender las motivaciones y las estrategias discursivas de algunos de los artistas que aquí presentamos, revisaremos las concepciones de lo que hoy en día se entiende como trabajo con *lo natural*, haciendo una pequeña referencia a alguno de ellos. Alrededor de finales de la década de 1960 y principios de la de 1970, proliferan los trabajos con ciertos estereotipos de *Naturaleza*. Así nos encontramos, por ejemplo, con las visionarias intervenciones ecológicas de **Newton Harrison** (Nueva York, EE. UU., 1929-Santa Cruz, California, EE. UU., 2022), quien creaba ecosistemas[88], como *Interfase aire, tierra, agua* (1971), realizado por encargo del Museo de Arte de Boston, donde hizo crecer hierba en el exterior del museo, siguiendo unas pautas particulares. De forma similar, **Hans Haacke** (Colonia, Alemania, 1936), artista conceptual y activista político que más tarde cuestionaría el arte como sistema social, planteaba en sus primeras obras cuestiones ecológicas que desempeñaron un papel importante en la historia del *Ecoarte*. En ellas, Haacke presentaba procesos naturales documentando sistemáticamente los mismos. Para la exposición de *Arte de la tierra* (1969), de la Universidad de Cornell, Haacke hizo crecer hierba en el suelo de la galería, sobre un montón de tierra, sin ningún pesticida. *La hierba crece* (1965) era una manera de

---

88 NEMITZ, Barbara, *op. cit.*, p. 14.

vivir-en-el-tiempo, una obra de arte efímero que reaccionaba a los cambios de temperatura y de luz, del ambiente que la rodeaba. Se trataba no sólo de materiales inusuales en el arte (suciedad, semillas), sino también de experimentar la *Naturaleza* como proceso cambiante. Todo ello propició un creciente interés artístico en los procesos y en los materiales afectados por el paso del tiempo[89].

Otro artista que por distintas razones utilizó *lo vegetal* en su obra fue **Giovanni Anselmo** (Turín, Italia, 1934-2023), quien sería, junto con Mario Merz y Gilberto Zorio, uno de los protagonistas del *Arte Povera* italiano de finales de los años sesenta. En la obra *Estructura que come* (1968), Giovanni Anselmo profundiza en el tema de la precariedad y del paso del tiempo. Para ello, emplea dos bloques de granito, una lechuga y un montón de arena. El bloque pequeño de granito está atado al grande y, mientras el elemento vegetal no se deshidrate, no se cae. Después de unos días, el proceso natural de deshidratación hace que disminuya la presión entre las dos piedras y el bloque pequeño se desprende, cayendo sobre el montón de arena.

Anselmo nos presenta aquí la obra considerada como un organismo vivo, un termómetro claro que nos permite experimentar eventualmente la temporalidad a la que estamos expuestos en este mundo, al desgaste y la erosión que inevitablemente hacen mella en todos los seres. Un mundo en el que el artista, como señala Aurora Fernández Polanco, nos sitúa frente a un sistema de oposiciones binarias que contrapone lo duro y lo blando, la geometría de líneas puras y lo orgánico del elemento vegetal. En este sistema de estructuras binarias se desenvuelve de nuevo la batalla entre la *Naturaleza* -representada por la lechuga- y la Cultura, como la piedra tallada y el mundo del hombre, el arte, la arquitectura y lo

---

[89] WOOD, Paul, *La modernidad a debate. El arte desde los cuarenta*, Akal, Madrid, 1999, p. 222.

racional en general. Sin embargo, nada es inmutable, todo está expuesto al tránsito de las apariencias físicas que provoca el paso del tiempo, un discurso que equipara estas transformaciones al deterioro que los humanos experimentamos al envejecer. Como el mismo Anselmo dice, sus obras son energía que se transforma:

> *Yo, el mundo, las cosas, la vida, somos unas situaciones de energía y la cuestión es precisamente no cristalizar esas situaciones sino más bien mantenerlas abiertas y vivas en función de nuestro vivir* [90].

Giovanni Anselmo trabajará con diversos materiales cotidianos que van desde la tierra a la piedra en una personal búsqueda dirigida a liberar la energía que estos encierran, en un intento de desvelar las dinámicas internas que dichos materiales experimentan. Este intento plástico de estrechar nuestra experiencia cotidiana con lo invisible confiere a la obra de Anselmo un carácter desorientador e indeterminado en el que la escultura se produce a sí misma. Los materiales, a partir de aquí, disponen de una autonomía sensorial y sensual que les confiere la misma realidad de los elementos (vegetal, animal o cultural), los cuales ya no necesitan representar nada:

> *[...] aceptando la literalidad de lo real en su potencial significador; al tratar de comprender que combinar elementos reales y no reproducirlos ya tiene la suficiente carga compositiva para que en cierta manera representen en su sola presentación, en su puesta en evidencia* [91].

El binomio *Naturaleza* y Cultura establece un discurso de larga trayectoria entre los artistas de todas las épocas. Los materiales orgánicos, y entre ellos las plantas, han sido empleados tanto

---

[90] FERNÁNDEZ POLANCO, Aurora, *Arte povera*, Nerea, Madrid, 1999, p. 59.
[91] FERNÁNDEZ POLANCO, Aurora, *op. cit.*, p. 89.

en defensa de lo considerado natural, como para expresar conceptos frecuentemente opuestos a la idea de civilización como estandarte del progreso y de la Cultura. Al respecto, Juan Bautista Peiró confirma cómo, en torno al binomio Arte y *Naturaleza*, constituido como una de las dialécticas fundamentales de la Cultura, se ha generado una amplia zona de interés estético:

> *Desde el tradicional género del paisaje hasta recientes aportaciones individuales, pasando por un significativo grupo de manifestaciones fundamentales en los setenta como el Povera, Land Art y Earthwork, la naturaleza ha sido fuente inagotable de investigación plástica. Como punto de partida, como referente visual, como escenario de actuación, como lugar de experimentación [...] hoy su indudable vigencia se amplía con matices de tipo social cuando no políticos [...]*[92].

Este espectro se extiende –como hemos visto con Giovanni Anselmo– no sólo hacia el discurso en torno al tiempo, lo perdurable y lo efímero que conlleva tanto la vida del ser humano, como la obra de arte; sino también hacia la relación entre el individuo y la colectividad.

La mayoría de los casos que recurren a *lo vegetal* en sus procesos, se asientan en la capacidad innata de aquello que nos rodea –la realidad y, en este caso, *lo vegetal*– para reflejar nuestra condición humana, tal y como si aquello de lo que hacemos mención, aunque sea tangencialmente, fuera un espejo de nosotros mismos. Y ello debido a que en los procesos de nacimiento, crecimiento, maduración, plenitud y decadencia de todo *lo vegetal* existe una alegoría –metáfora del devenir de lo humano– inevitablemente relacionada con nuestra condición.

---

[92] PEIRÓ LÓPEZ, Juan Bautista, "Pamen Pereira: huellas de luz, sombras de tiempo", en *Cimal. Arte internacional*, N° 51, 1999, p. 80.

Numerosos son los ejemplos en los que el tratamiento de *lo vegetal* queda patente en el arte y en la escultura. Desde los Crops, anteriormente mencionados, hasta los jardines públicos y los certámenes de escultura que se plantean específicamente con la intención de trabajar con elementos vegetales. Los trabajos realizados en el evento *Les Arts Etonnants II* (1992) de George Wright, Heather Ackrroyd y Dan Harvey, con respecto a los trabajos de Haacke o Newton Harrison, dan cuenta de este vínculo.

El sentido del crecimiento y la idea de proceso recorren todas estas obras como anticipaban los trabajos de **Charles Simonds** (Nueva York, EE. UU., 1945) y su obra *Casa que crece* (1975-1994), instalación con sacos de arena, semillas y plantas[93]. En este sentido, Simonds realizó durante los años sententa del siglo pasado, numerosas construcciones en miniatura con barro sobre su propio cuerpo que, con un sentido antropológico, hacían alusión al cuerpo, las ruinas y a la civilización. Más allá del efecto estético generado, es evidente el sentido metafórico con el que todos estos artistas utilizan el elemento vegetal. Aquí es la hierba, mientras que en otras ocasiones son árboles, ramas y un sin número de presencias verdes las que nos invocan a meditar sobre los diferentes aspectos de la existencia humana.

Naturaleza, ser humano y arte, tejen una necesaria trilogía a la que los artistas nos remiten con sus obras. En referencia a esta cuestión cabe detenernos en la obra realizada para la Documenta X de Kassel (1997) de **Lois Weinberger** (Stams, Austria, 1947-Viena, Austriam 2020). Este autor investiga la articulación de la obra de arte en la sociedad y la *Naturaleza*, creando con todo tipo de materiales un sistema de alegorías sobre la vida real. En *Asfalto levantado* (1992-1997) realiza una llamada a la recuperación de lo natural en el corazón de asfalto de las ciudades. Una recuperación que, asimismo, encontramos en obras como las **Olaf Nicolai** (Halle, Alemania, 1962) quien,

---

93 NEMITZ, Barbara, *op. cit.*, pp. 14-15.

con la ayuda de un botánico, realizó en unas rocas volcánicas cinco paisajes miniatura que continuaban creciendo durante la exposición.

Las paredes del recinto donde estaban las rocas aparecían empapeladas con la silueta repetida de una planta que no existe en la *Naturaleza*, sino que solamente es una representación idealizada de una planta. La fotografía que cuelga en la pared parece ser un follaje pero en realidad es de lava volcánica. Los estudios en filología y semiótica de Nicolai le permiten referirse en su obra a la relación entre la opinión y la identidad de las cosas que percibimos. De la misma manera que Olafur Eliasson, nos remite a la idea de que la percepción de todas las cosas está condicionada a la forma en que nosotros las percibimos.

La noción de identidad, señala Juan Bautista Peiró, es otra de las grandes cuestiones debatidas desde diferentes frentes, por los artistas que plantean el binomio *Naturaleza–Cultura*. La búsqueda de todo lo relacionado con el entorno menos manipulado por el hombre en cuanto a ecología, paisajismo o naturalismo es una vía de acceso complementaria a las indagaciones relacionadas con la identidad personal (física o espiritual) del:

Tras la fractura irreparable de los lazos que le convertían en parte indisociable de la naturaleza, el hombre ha construido múltiples caminos para intentar el imposible retorno. Volver a la naturaleza es reencontrar, o intentarlo al menos, la parte de nosotros que ya no somos capaces de escuchar, que tenemos adormecida, que obviamos todos los días y que es indispensable para recomponer los pedazos de nuestra identidad perdida [...] las formas orgánicas, las figuras poéticas que nos remiten una y otra vez a imágenes de nacimiento, de desarrollo, de evolución, de crecimiento [...] como la espiral, el árbol, el nido [...] [94].

---

[94] PEIRÓ LÓPEZ, Juan Bautista, *op. cit.*, pp. 80-81.

Otro de los usos de *lo vegetal* está estrechamente vinculado con el sentido de lo público. En este sentido, la opinión de Lucy Lippard es contundente al retomar las palabras de Donna Haraway para afirmar con ella, que el mejor medio que tendrían los artistas para reimaginar la *Naturaleza*, sería "negociar los términos en los que el amor por la *Naturaleza* podría formar parte de la solución en vez de ser parte de las imposiciones de la dominación colonial y de la destrucción medioambiental", creando un arte que trabajara en la línea de obras como *Time Landscape:*

> [...] *a favor de una toma de conciencia medioambiental y por la mejora y reivindicación de zonas baldías, centrándose en la historia natural, realizando parques y limpiando la contaminación. Un ejemplo de esto es el* Time Landscape of New York City *de Alan Sonfist* [95].

Esta obra, precursora en cuanto a sus intenciones, afirmaba las ventajas ecológicas de los minipaisajes, conocidos como *Greenstreets*, que brotan alrededor de la ciudad de Nueva York. La intención de **Alan Sonfist** (Nueva York, EE. UU., 1946) era reconstruir el espacio natural: el bosque original de la isla de Manhattan, recompuesto en una pequeña parcela junto a Broadway, de manera que preservó el perímetro de una manzana y trasplantó y sembró en ella árboles y semillas seleccionadas específicamente del periodo precolonial. Se trata de un bosque urbano que nos ofrece la vegetación originaria del lugar. Su acción recoge la esencia de un auténtico activismo en el sentido de que se dirige, como señala Javier Hernando, "más allá de la simple denuncia simbólica"[96], hacia la intervención directa sobre el medio natural.

---

[95] LIPPARD, Lucy R., "Mirando alrededor: dónde estamos y dónde podríamos estar", en BLANCO, Paloma *et al.*, *Modos de hacer. Arte crítico, esfera pública y acción directa*, Universidad de Salamanca, Salamanca, 2001, pp. 51-71.

[96] HERNANDO, Javier, *op. cit.*, en RAMÍREZ, Juan Antonio y CARRILLO, Jesús (eds.), *op. cit.*, p. 62.

Desde 1965, Sonfist defendió la construcción de monumentos dedicados a la historia de la contaminación atmosférica y a la emancipación del Arte Público de su concentración exclusiva en la historia humana[97]. Muestra de ello será un artículo publicado en 1968 con el título de *Natural Phenomena as Public Monuments* (*Los fenómenos naturales como monumentos públicos*). Este tipo de obras enlazan, en la actualidad, con los proyectos de Natalie Jeremijenko y su clonación de árboles, especialmente en lo concerniente a sus planteamientos públicos.

Intervenciones públicas en pro de una recuperación de lo natural que se enfoca específicamente en un contexto vegetal tienen resonancias paralelas en la obra **Herman de Vries** (Alkmaar, Países Bajos, 1931), quien con intenciones similares expresó la relación entre un concepto de *Naturaleza* salvaje y arquitectura en su pieza *Santuario* (1997), realizada en Münster. En la misma construye un espacio arquitectónico para preservar y permitir que la *Naturaleza* se recupere a sí misma sin la intervención del ser humano. Aunque esta obra implica un concepto de *Naturaleza* artificialmente preservada, la idea latente es la de lugar sagrado, espacio de reflexión, revelación y contemplación. El artista, oponiéndose a las ideas de Descartes (1596-1650) y a su célebre "cogito, ergo sum" ("pienso, luego existo"), así como al desarrollo de la filosofía mecanicista y de la Ciencia; parte de las ideas de Gassendi (1592-1655) y de su "ambulo, ergo sum" ("camino, luego existo"), para defender la idea de movilidad y experimentación. Entre otras, la obra *Natural relationships* (1989) recopila parte de los intereses botánicos acumulados durante años por Herman de Vries. La colección de piezas, que consta de dos mil ejemplares entre hierbas, semillas, raíces, cortezas y sustancias vegetales de diferentes geografías, es expuesta por el artista

---

[97] GRANDE, John K., *op. cit.*, pp. 277-292.

vinculándola a la flora de la región donde vive, con la finalidad de mostrar las afinidades entre unas y otras especies[98].

Por otro lado, cabe destacar cómo en nuestras ciudades y hogares, la *Naturaleza* se ha visto suplantada por representaciones artificiales de "lo natural". Al respecto, los trabajos de artistas como **Alberto Baraya** (Bogotá, Colombia, 1968) utilizan una metodología sistemática, al estilo de Alexander Von Humboldt o Linneo (primeros exploradores y biólogos del Nuevo Mundo), para recolectar ejemplares vegetales de plástico de diferentes partes del mundo. A la manera de las grandes colecciones científicas, el artista confecciona su personal herbario artificial, clasificando todo tipo de plantas artificiales que rescata de los espacios públicos en los que estas plantas conviven cotidianamente con nosotros.

El suyo no es un caso único. Muchos otros artistas como Petah Coyne, Isa Genzken, M.ª Fernanda Cardoso, John Isaacs, Gerda Steiner, Jörg Lenslinger, Sofía Táboas o Perla Krauze ya no necesitan, en ciertas obras, de elementos o materiales naturales para hablar de la *Naturaleza* misma. La dicotomía entre lo natural y lo artificial ya no se presenta como un enfrentamiento, sino que ofrece una vía alternativa de convivencia. Estas estrategias de coexistencia rescatan un mundo en el que se asume que todo es artificial, y donde resulta descontextualizado el pretender hablar de una *Naturaleza* que no esté mediatizada por nuestro propio concepto cultural de la misma.

En estas circunstancias es perfectamente coherente utilizar, indistintamente, materiales naturales o artificiales, ya que, en la actualidad, el discurso en torno a la *Naturaleza* no se centra únicamente en la ecología, sino que sus referencias parten, como estamos viendo, de múltiples contextos sociales y existenciales.

---

[98] GRANDE, John K., *op. cit.*, pp. 365–381.

Sin duda, un artista fundamental en la relación naturaleza vegetal y arte contemporáneo, es **Giuseppe Penone** (Garessio, Italia, 1947), artista identificado con el *Arte Povera* y para quien la *Naturaleza* no sólo es fuente de inspiración, sino que es el medio y el fin de su quehacer artístico. Ello hace que se sitúe entre los artistas que plantean una poética de coautoría y disimulo, desde la metáfora de un nuevo modelo de relación con el medio. En estas circunstancias, el artista y sus trabajos declinan ser el centro de atención, de forma similar a las entidades híbridas de las que hablábamos en este capítulo, el artista prefiere fundirse con la *Naturaleza*.

La obra de Penone, al estar basada en la relación entre el hombre y su medio natural, defiende que la *Naturaleza* es arte y que el hombre, en tanto que también es *Naturaleza*, deviene artista por naturaleza, de ahí que le corresponde repetir los comportamientos escultóricos de la misma. No se trata de imitar los resultados, sino de acercarse a ella para entender los procesos de transformación.

Así, el artista traza una morfología que establece paralelismos entre las formas de la figura humana –tronco, brazos, dedos– y las vegetales. Por medio de este hecho capta, además, la flexibilidad de movimientos de la hierba, de las ramas de los árboles o del cuerpo humano, buscando aproximarse a la relación existente entre el interior y el exterior de ambas naturalezas, hecho que le lleva a centrarse en aquello que fluye y respira:

Siento la respiración de la floresta, oigo el crecimiento lento e implacable de la madera, modelo mi respiración sobre la respiración del vegetal, percibo el deslizamiento del árbol alrededor de mi mano apoyada en su tronco. El cambio de relación temporal vuelve fluido lo sólido y sólido lo fluido. La mano se hunde en el tronco del árbol que por la velocidad del crecimiento y la plasticidad de la materia es el elemento fluido ideal para ser plasmado [99].

Sus obras revelan las diferencias de escalas de tiempo y ritmo vitales entre los seres humanos y los árboles. Desde la perspectiva relativamente corta y el ritmo veloz de la vida humana, el árbol parece sólido, pero en realidad la materia del árbol es también fluida, depende de nuestra percepción y del periodo de observación. La obra, concebida como una totalidad, es imposible, porque en rigor, la duración de una única vida no es suficiente para presenciarla en su estado acabado, como por ejemplo la obra *Continuará creciendo, excepto en aquel punto* (1968).

Son conocidos los árboles de Penone en los que toma una viga de la construcción –un elemento natural, transformado en artificial–. Con su gesto el artista rescata el árbol que hay en el interior de esa viga, invirtiendo el proceso a partir de uno de los anillos de tiempo del árbol[100].

La acción de rescatar el árbol de la viga de madera no plantea en esencia un interés ecológico, su idea es hacer visible algo cotidiano que habitualmente no percibimos: lo invisible, lo que está en el interior. Es por esto, que Penone habla de resucitar el bosque contenido en mesas, suelos y travesaños, encontrando la memoria del árbol en la madera, la escultura en el río, el aire en la respiración y la *Naturaleza* en el árbol. Su empeño es mostrar lo que está delante de nuestra mirada, pero oculto. Volver la mirada o invertir la visión, ver desde el ser del árbol, esa es la metáfora que articula la obra *Mirada vegetal* (1991). El artista se convierte aquí en un espejo para el espectador,

---

[99] Véase AA. VV., *Giuseppe Penone, 1968-1998*, Centro Galego de Arte Contemporánea, Xunta de Galicia, Santiago de Compostela, 1999, pp. 47-48.

[100] HERNANDO, Javier, *op. cit.*, en RAMÍREZ, Juan Antonio y CARRILLO, Jesús (eds.), *op. cit.*, p. 64.

invitando a que el público se identifique con el artista. Para Penone, el hombre forma parte integral de la *Naturaleza* y, en esencia, no existen diferencias jerárquicas entre el ser humano y un árbol.

En su obra, suprime las fronteras entre *lo vegetal* y lo humano, de forma que hace a ambos partícipes de una misma sustancia común. El motivo recurrente en su obra es el vínculo entre *Naturaleza*, hombre y tiempo y, alejándose del antagonismo típico entre Cultura y *Naturaleza*, Penone concibe al ser humano como fruto de estos dos conceptos, de forma que el artista debe, a su vez, situarse entre ellos.

Esta singular operación, que consiste en revelar el árbol en la viga, en establecer un paralelo entre la edad del artista y la del vegetal, en oponer a la actitud clásica de negación del carácter intrínseco del material la actitud inversa orientada a convertir ese mismo carácter en escultura, conduce al artista a reanudar la estrecha y misteriosa relación entre la Naturaleza y la Cultura puesta de manifiesto por Malraux. A partir de ese momento se puede instaurar un diálogo silencioso entre las cosas del universo y los objetos de los hombres, entre los elementos naturales y el cuerpo del artista, entre el dibujo de los árboles y la forma de las estatuas. Un diálogo delicado y sutil en el que se pasará libremente de la genealogía de una viga a la memoria de los huesos, del impulso vertical de la linfa a la arborescencia exuberante de los tejidos de la piel [101].

A propósito de la temática vegetal que nos ocupa, cabe destacar que la obra de Penone, a pesar de su sensibilización hacia todo lo natural, no deja de imprimir, en nuestra opinión, una especie de huella antropomorfizada a la *Naturaleza*, de manera que, incluso sin proponérselo quizás, ejerce una cierta imposición,

---

[101] Véase TOSATTO, Guy, en AA. VV., *Giuseppe Penone, 1968-1998, op. cit.,* p. 149.

al obligar al vegetal a adquirir forma humana (acciones de abrazar al árbol con su mano, pulmones humanos de hojas, mano de bronce sobre tronco, patatas con partes de su rostro, calabazas con rostro humano, etc.).

Asimismo, en este contexto, no es posible dejar de mencionar la obra de **Andy Goldsworthy** (Cheshire, Reino Unido, 1956), cuyo trabajo se caracteriza por intervenciones en el entorno natural que, partiendo de una doble conjunción, se sustentan en las ideas de sutileza y colaboración[102]. Un hecho que queda atestiguado en los documentos que son recogidos en los libros que el artista publica *a posteriori* y en los que, mediante fotografías, muestra el conjunto de acciones realizadas en los diferentes lugares del planeta en los que el autor ha intervenido. De este modo, su labor reconstruye lo natural como sujeto, optando generalmente por trabajar con una naturaleza vegetal y viva.

Las acciones que lleva a cabo este artista en el medio natural están, por consiguiente, vinculadas con una suerte de *ritual* contemporáneo. El protagonismo que el ritual ha ocupado en nuestra historia ha sido siempre muy importante si bien, como se ha señalado en diversas ocasiones, el regreso a lo natural ya nunca podrá resultar inocente, dado que pensamos que el modo en el que algunos artistas realizan este tránsito, se efectúa mediante un nuevo ritual relacionado con el quehacer artístico.

En este sentido, en el ritual se redime parte de la conexión perdida. De hecho, el antropólogo Arthur Maurice Hocart considera que el ritual, para el género humano y desde los tiempos del hombre primitivo, constituye una herramienta necesaria y una estrategia vital:

---

[102] CAUSEY, Andrew, "Environmental Sculptures", en *Andy Goldsworthy, A collaboration with nature*, Harry N. Abrams, Inc., Publishers, Nueva York, 1990, pp. 37–44.

[...] una técnica para dar vida, dando a entender que la inercia del hombre primitivo fue siempre la de tratar de controlar la vida, escapar de lo malo y de la destrucción de la naturaleza, hecho con todo tipo de ritual, incluso el sacrificio con toda su destrucción [103].

Estamos ante un arte que funciona como un nuevo ritual mediante el cual se consigue generar vida y permanencia. Un ritual en el que el artista pretende comportarse de forma procesual de la misma manera que lo haría la propia *Naturaleza*. La ofrenda y el sacrificio se manifiestan aquí mediante el propio trabajo y el tiempo invertido en la obra. Las obras de Goldsworthy son ejemplos de este tipo de ceremonias creativas, en las que el sentido del ritual y el sacrificio de tiempo y trabajo requeridos se identifican con la recuperación de lo sagrado de la *Naturaleza*:

El sentido de estos sacrificios humanos debe buscarse en la teoría arcaica de la regeneración periódica de las formas sagradas. Evidentemente, todo rito o argumento dramático que persigue la regeneración de una "fuerza" es a su vez una "repetición" de un acto primordial de tipo cosmogónico que tuvo lugar ab initio [...]. El ritual rehace la creación, la fuerza activa en las plantas se regenera por una suspensión del tiempo y por el retorno al momento inicial de la plenitud cosmogónica [104].

Mircea Eliade describe la importancia del ritual para el hombre primitivo, que vivió durante millones de años con la ansiedad de que se le acabaran los recursos, controlando el miedo a que el sol se apagara con el solsticio de invierno, de que no saliera más la luna por la noche o de que la tierra se convirtiera en un páramo sin vegetación:

---

[103] FERNÁNDEZ ARENAS, José (Coord.), *Arte efímero y espacio estético*, Anthropos, Barcelona, 1988, p. 132.
[104] FERNÁNDEZ ARENAS, José, *op. cit.*, p. 136.

La ansiedad es particularmente patética ante las manifestaciones periódicas del "poder", como la vegetación, cuyo ritmo conoce momentos de extinción aparente. Y la ansiedad es más aguda aun cuando la desintegración de la "fuerza" parece deberse a la intervención del hombre: la recolección de las primicias, la siega, etc. En este caso se ofrecen sacrificios llamados "de las primicias"; el ritual reconcilia al hombre con las fuerzas que actúan en los frutos y le otorga el permiso de consumirlos sin riesgos [105].

El ritual que desarrollan los artistas que trabajan en colaboración con la *Naturaleza* conlleva una fuerte voluntad de integración. Estamos ante el desarrollo de una fina sensibilidad que aprecia la belleza de lo más imperceptible. Debido a ello, al asumir las directrices que conlleva la imitación del orden natural, las obras resultantes aportan una renuncia voluntaria, por parte del propio artista, de una tradición impuesta durante siglos, aquella que apela a la supremacía de lo artificial sobre lo natural.

Desde esta perspectiva, Goldsworthy forma parte de una serie de artistas que, sin duda, comulgan con una nueva percepción de la *Naturaleza:*

[...] se ven influidos por una nueva sensibilidad expresada en sus obras por un conjunto de metáforas que inconscientemente ilustran las principales premisas del paradigma ecológico [...]. A partir de ahora la idea de naturaleza se relacionará con lo frágil y lo finito, convirtiéndose en un concepto que habrá que manejar con respeto y veneración [106].

---

[105] ELIADE, Mircea, en FERNÁNDEZ ARENAS, José, *op. cit.* pp. 136-137.
[106] ALBELDA, J., "Intervenciones mínimas, poéticas de la preservación", en *Cimal. Arte internacional*, N° 51,1999, pp. 49-54.

Otro de los artistas surgidos dentro de la corriente del *Land Art,* es **Nils-Udo** (Lauf, Alemania, 1937). Su interés por el arte medioambiental se centra en el impacto destructivo que la actividad humana ejerce sobre el ambiente y la *Naturaleza*. Su trabajo *in situ*, íntimamente ligado con el paisaje en el que se inserta, presenta estructuras realizadas con materiales naturales del lugar. En sus obras en la *Naturaleza* recurre frecuentemente a la fotografía para registrar sus intervenciones efímeras. Sus esculturas y fotografías cuestionan nuestra manera de domesticar la *Naturaleza*, pero más allá de nuestras clasificaciones y representaciones, el artista sostiene que el mundo natural nos sobrepasa.

John Grande, en entrevista con Nils-Udo, nos acerca a algunas de las premisas de su trabajo. Según Grande, Udo establece relaciones entre horticultura y arte, creando con sus plantaciones e instalaciones vegetales, un "contrapunto visual entre elementos orgánicos e inorgánicos"[107] que va a permitir aportar una visión particularmente sensible sobre la historia del paisaje y la tierra de los lugares en los que trabaja. El acercamiento de Nils-Udo al elemento vegetal es táctil y a menudo improvisado. Es más, con los árboles, plantas y materiales naturales vivos que utiliza, parece que borda en la *Naturaleza*. De ahí que su obra muestre al ser humano como una parte de la *Naturaleza* que, para sobrevivir, debe actuar en conformidad con las leyes derivadas de ésta.

A partir de 1972 Udo realiza plantaciones extensas de árboles, arbustos, hierbas y flores. Literalmente, la idea de plantar su trabajo en la *Naturaleza* y de trabajar en simbiosis con la misma, sometiéndose a sus ciclos y ritmos, le proporcionará, además de un sentimiento de paz, nuevas e inagotables posibilidades de acción. Esto no implica que no use, en determinadas circunstancias, materiales no naturales como cemento, pero lo

---

[107] GRANDE, John K., *op. cit.,* pp. 171-184.

que cuenta para él son las acciones, la utopía de fusionar en uno, arte y vida.

En general, su trabajo se caracteriza por un sentido ritual y procesual de la obra. En 1994, en el Château de Laás (Francia), el artista realizó una gran espiral de diferentes especies de maíz para conmemorar el quinto centenario de la introducción de esta planta en Europa. Junto a ello, otro de los temas sobre los que versa su obra es la vulnerabilidad y la temporalidad de la existencia humana.

Consciente de la paradoja de sus intenciones naturalistas y, a la manera del libro de Nigel Barley en torno al antropólogo inocente[108], Nils-Udo sabe de las consecuencias negativas que puede generar su trabajo, puesto que los seres humanos han demostrado ser constantemente destructivos al tratar, incluso, de preservar los mismos sistemas naturales.

Udo asume que, de la misma forma que el principio de incertidumbre de Werner Heisenberg implica que la intervención del observador transforma el resultado del experimento, las probabilidades de un artista de intervenir en los procesos naturales sin dejar ningún rastro son prácticamente nulas. Pese a todo lo cual, las obras de Nils Udo, junto con las de Goldsworthy, se consideran metáforas de respeto, de restitución y de disolución, puesto que expresan la voluntad de encontrar caminos para recuperar una *Naturaleza* diezmada. Sin embargo, como apunta Albelda, este tipo de obras constatan la muerte de una *Naturaleza* no artistificada, ya que, si bien antes la *Naturaleza* era un espacio definido, ahora se ha convertido en "un territorio conceptual de alto impacto y una gran capacidad de legitimar todo aquello con lo que se relacione, incluso el arte"[109].

[108] BARLEY, Nigel, *El antropólogo inocente. Notas desde una choza de barro,* Anagrama Barcelona, 1989.
[109] ALBELDA, J., "Intervenciones mínimas...", *op. cit.*, pp. 49-54.

La recuperación de la *Naturaleza* como entidad con la que el artista colabora en paralelo, supone una premisa de trabajo que resulta coincidente en artistas que, tal como sucede con **Wolfgang Laib** (Metzinger, Alemania, 1950), reivindican el uso de materiales como portadores de sentido y de expresividad. En este sentido, la no transformación de las materias primas y el escaso procesamiento de los materiales empleados, dotan a la materia de un concepto esencial, naturalista y casi religioso. Esta actitud ante los materiales tiene como claro precedente ciertos trabajos de Beuys en los que el artista utilizaba el fieltro o la grasa y donde cada material era poseedor de una identidad propia que caracterizaba el discurso artístico.

El interés de Laib por el elemento vegetal del polen, por ejemplo, no termina en la intensidad del color, sino que su importancia radica en la vinculación de su trabajo con los ciclos vitales de la *Naturaleza* (como la observación de las estaciones) o con el carácter ritual del proceso (lentitud y dificultad de la recolección). Es más, los materiales que utiliza para sus instalaciones (leche, polen, arroz, cera de abejas...) son recopilados en los campos que rodean su casa y están ligados a las ideas de nacimiento, crecimiento y muerte, cuestiones que, por otra parte, se encuentran presentes en el misticismo de todas las culturas.

Debido a ello, sus más de cuarenta años de trayectoria han convertido su trabajo en un *continuum* en el que se presenta la *Naturaleza* en su estado más puro. Toda creación para Laib se concibe como un proceso cíclico donde la premisa es la conservación de la pureza de los elementos. Desde la selección de las materias y la recolección del polen en las distintas estaciones, hasta el cuidadoso montaje de la exposición y el mantenimiento de las sustancias que son recogidas y vueltas a poner diariamente, presupone una serie de acciones que hacen del ritual el objetivo último de la obra de este artista.

Frente a artistas que, o bien han trabajado en su obra con elementos vegetales, recurriendo a procesos de coautoría con la *Naturaleza,* o bien han establecido dichos procesos como partes de un ritual, otros han recurrido a detener su mirada en la naturaleza vegetal, en tanto que inspiración formal que redescubre una geometría generadora de connotaciones y de sentido.

Así, **Anish Kapoor** (Bombay, India, 1954), en la década de 1980, fusionará en su obra las influencias culturales de Oriente y Occidente explorando opuestos primordiales como lo masculino y lo femenino, lo abierto y lo cerrado, la luz y la oscuridad, apelando, sin una simbología precisa, a la idea de lo sublime.

Después de su formación en el Reino Unido, Kapoor realizó en 1979, un largo viaje a su país de origen. En esta visita recuperó el fuerte sentido ritual de la vida cotidiana en la India, la constante presencia de lugares de culto y, como parte de las celebraciones religiosas, los coloridos pigmentos que se apilan a la entrada de los templos.

Con esculturas de volumetrías cerradas, a medio camino entre lo orgánico y lo geométrico, Kapoor –quien formaría parte de la llamada *Nueva Escultura Británica*– se aleja del reduccionismo minimalista "insuflando a sus esculturas el sentido oriental de lo trascendente"[110]. Hechas de yeso y poliéster, estas primeras esculturas que parecen tener referentes vegetales (*Seis lugares secretos*, 1983), se caracterizaban por presentar colores intensos que se desbordan desde la superficie de éstas, generando una aureola, mediante pigmentos en polvo aplicados directamente, algo que se convertirá en un signo distintivo en la producción del artista. Inherente al pensamiento tradicional indio, la transformación de la *Naturaleza* en arte es retomada por Kapoor al emplear conjuntamente elementos no solo con

---

[110] MARTÍNEZ MUÑOZ, Amalia, *op. cit.,* p. 173.

formas de origen orgánico mezcladas con piezas arquitectónicas y figuras geométricas básicas, sino también con otras composiciones más enigmáticas y no desprovistas de cierto misticismo[111]. De esta mezcla resulta un mundo en clave propia que no rehúye una filosofía del arte de gran complejidad.

Para Kapoor, el uso del color y los pigmentos implica la unión de lo intangible con lo sensual desde una perspectiva que analiza el resultado estético como parte de una cosmovisión personal. En nuestra opinión, tanto a través de la forma como del color, las referencias de Kapoor a una naturaleza vegetal en estas obras, son claras.

La temática vegetal ha inspirado, a su vez, obras de carácter público como, por ejemplo, la escultura que encontramos en la ciudad de Buenos Aires, *Floralis genérica* (2002) del arquitecto **Eduardo Catalano** (Buenos Aires, 1912–Cambridge, Massachusetts, EE. UU., 2010). Esta monumental escultura cinética dispone de un sistema eléctrico y un control lógico programable que regulan de forma automática, la apertura y cierre de la flor de acuerdo con una velocidad establecida y según horarios predeterminados[112]. Sin duda, su creador efectúa un homenaje a la *Naturaleza* interpretando una

---

[111] FERNÁNDEZ DEL CAMPO, Eva, *Anish Kapoor*, Nerea, San Sebastián, 2006, p. 29.

[112] La escultura está formada por seis pétalos de aluminio y acero, montados sobre una estructura cónica. Los movimientos se realizan a través de un sistema hidráulico–mecánico. La flor se abre durante el día y se cierra al anochecer. El tiempo de apertura es de veinte minutos. Su peso es de dieciocho toneladas y su altura de veintitrés metros. Al cerrarse la flor durante la noche, doce proyectores con lámparas halógenas de color rojo, proyectan su luz en la superficie interior de los pétalos. Asimismo, cuando la velocidad del viento supera, por un tiempo mayor de sesenta segundos los 80 km/h., la escultura se protege automáticamente cerrando sus pétalos.

referencia floral en la que la realidad se transforma en una abstracción geométrica que representa, más que a todas las flores, a la capacidad de renovación de un pueblo. En alusión al mensaje simbólico de la pieza, Catalano sugiere que la flor es una síntesis de todas las flores, siendo paralelamente una esperanza que renace cada día al abrirse.

Además de la ciudad de Buenos Aires, otras ciudades han propuesto proyectos monumentales de Arte Público con este tipo de temáticas, como por ejemplo la obra *Trillian* del artista **Ed Carpenter** (Los Ángeles, California, EE. UU., 1946) que estaba proyectada para ser ubicada en la ciudad de Belfast. Se trataba de una flor de cuarenta y cinco metros, que en un principio, se planteaba como un símbolo de regeneración para la ciudad de Irlanda del Norte[113].

La referencia formal a *lo vegetal* es una constante en numerosas artistas que, generalmente, aluden a relaciones simbólicas externas, más allá de la forma de la obra en sí. En la práctica artística de **Barb Hunt** (Winnipeg, Canadá, 1950) se investigan los prejuicios culturales con el fin de examinar cómo se construyen nociones respecto de los sexos. En la sociedad, el vestuario se asocia poderosamente con lo masculino o lo femenino. El duro metal de *Vestido de raíces* (1994) y su forma firmemente anclada, genera un fuerte contraste con aquellas ideas estereotipadas que tienden a vincular el vestido femenino con tejidos suaves y vaporosos.

Al utilizar imágenes de la *Naturaleza* y formas históricamente conectadas con feminidad, la artista plantea relaciones entre el material, la imagen y el proceso para revelar visiones diversas y alternativas de la identidad. En otras de sus piezas retoma la temática textil desde la deconstrucción. Para ello utiliza flores

---

[113] Véase "Belfast to bloom with new artwork. A humble flower is set to dominate the Belfast skyline in three years' time", en *BBC News*, 11 de octubre, 2005.

que desmenuza, esparce y clasifica siguiendo patrones de colores con los que realiza composiciones que invaden el espacio expositivo. En ambos casos, las referencias de género plantean significados alternativos.

La escultora, residente en España, **Monique Bastiaans** (Jemappes, Mons, Bélgica, 1954), en una de sus múltiples intervenciones en la *Naturaleza*, recurre a la transformación de doscientos setenta naranjos aquejados de un mal que ataca a los cítricos, para plantear un proyecto de vida. En unos naranjales privados en la localidad de Ribarroja (Valencia), después de podar los árboles, dejándoles el tronco y las ramas principales, la artista transformó los mismos en enormes flores de colores, mediante telas que dispuso sobre los troncos, dando una segunda vida a los campos.

En obras posteriores las referencias vegetales son usadas reiteradamente para expresar una sensualidad que, traspasando el mundo vegetal, alcanza la expresividad de lo humano para trasmitir cuestiones que van más allá del género y que nos hablan del gozo de vivir. El movimiento y la transformación como fuentes de la vida, así como la fecundación, la polinización y la fructificación son –en la obra de Bastiaans– metáforas de la vida que tiende a perpetuarse a sí misma.

La obra de **Isa Genzken** (Bad Oldesloe, Alemania, 1948), que vive y trabaja en Berlín, era fundamentalmente minimalista y centraba su interés en la arquitectura. El trabajo de esta artista es versátil, ya que, mientras que en los años ochenta del pasado siglo realizaba formas arquitectónicas, ventanas en yeso, concreto y resina, en las cuales su discurso versaba en torno a los espacios interiores y exteriores como una forma de relación; a partir de los atentados terroristas del 11 de septiembre de 2001 a las Torres Gemelas de Nueva York, su obra dio un giro total con la realización de piezas que tienden a representar un naturalismo vegetal. Desde entonces, la artista trabaja con materiales baratos que rayan aparentemente en el *kitsch*. Se trata de obras abigarradas y coloristas, cargadas de materiales diversos (fundamentalmente vegetales y flores de plástico,) que poseen un cierto trasfondo apocalíptico.

La pieza *Rosa* (1993) es un símbolo del amor que, sin embargo, revela un naturalismo tal que al mirarla adquiere, por su tamaño, un carácter casi amenazador. En 1988, Genzken había bosquejado para una autopista en Holanda, algo parecido a este trabajo con flores, se trataba de una obra que presentaba tulipanes enormes, que se inclinaban sobre el camino. A través de estos trabajos, podemos ver cómo la artista utiliza *lo vegetal* desde una posición básicamente artificial, poniendo en un mismo plano todo tipo de artificios humanos.

Para algunos artistas la representación del mundo vegetal expresada a través de algunos componentes de este mundo, como pueden ser las flores, parece haberse convertido en un campo fértil para su trabajo. El origen, la germinación y el crecimiento son temas recurrentes en **Iraida Cano** (Madrid, 1959) que utiliza estas formas para establecer un nexo –a la manera de las representaciones occidentales– entre el pensamiento y la *Naturaleza*, exaltando de este modo las virtudes de la vida hasta en la más sencilla de sus manifestaciones. Más que la paz, el amor o la unidad de los elementos naturales, las flores anuncian un estado espiritual, una plenitud que rebate la condición efímera de la flor.

Iraida Cano plantea que sus esculturas se metamorfoseen con el entorno natural[114], haciéndonos sentir como Alicia en el país de las maravillas o como Gulliver en un nuevo paisaje reencontrado. El color de los pétalos trasmite energía, convirtiéndose en un elemento compositivo que resulta, pese a todas las adversidades, tan sorprendente como el constante fluir de la vida natural. Más allá de la tradición occidental de las

---

[114] RAQUEJO, Tonia, *op. cit.*, pp. 86–87.

naturalezas muertas, las flores de Iraida Cano son meditaciones sobre lo material, lo perecedero y lo perenne.

Por su parte, la artista **Petah Coyne** (Oklahoma, Ohio, EE. UU, 1953) genera obras pseudovegetales con materiales artificiales[115]. El poder transformador de la metamorfosis surge en la obra *Dafne* (2002), en la que la escultora utiliza la cera como material que unifica los diversos materiales que forman la pieza. Se trata de composiciones en las que la referencia vegetal se alía con el cuerpo humano, haciendo alusión a la fantasía de los tradicionales cuentos infantiles. A la manera de Louise Bourgeois, la artista exorciza los procesos de la memoria, el dolor de la pérdida y las emociones generadas por acontecimientos personales y dolorosos de su vida, en trabajos donde consigue dar a los recuerdos amargos del pasado, un lugar en el tiempo presente.

En su mayoría son obras realizadas con cera derretida, algunas suspendidas del techo por una amenazadora y elegante cadena metálica, en una especie de putrefacción suntuosa y decadente. Abrumadoras y barrocas, sus inquietantes esculturas desmienten el origen humilde de los materiales con las que están realizadas. Un barroquismo simulado por la acumulación de materiales tan diversos como pelo humano, crines de caballo, cintas, pigmentos, pintura de aerosol negra, caucho fabricado, ramas de árbol, alambre, acrílico, flores de seda, cintas de plástico, plumas, borlas, pigmentos, perlas, velas, tinte del pelo, champú, acondicionador o tachuelas, dota a su trabajo de fuertes connotaciones eclesiásticas y rituales. Combinando tradiciones figuradas y abstractas, las obras de Coyne poseen una extraña calidad antropomorfa que mezcla la vitalidad orgánica de *lo vegetal* con la belleza de la decadencia. Objetos tales como rosas y pájaros se envuelven en una capa de

---

115 GOODMAN, J., *Petah Coyne, Sculpture,* Galería Lelong, Washington, D.C., marzo, 1999, pp. 69-71.

cera, asumiendo así una elegancia gótica que resulta estéticamente inquietante.

En pos de la lógica de Baudrillard, **João Pedro Vale** (Lisboa, Portugal, 1976) se instaura en el simulacro como técnica para redimir la realidad y como forma de tomar postura frente a la sobrevaloración de aspectos históricos. La transgresión en cuanto a los materiales y tamaños de sus piezas nos habla de un diálogo entre lo natural y lo artificial surgido, como en otros artistas de su generación, del término contemporáneo de Neobarroco.

Su *Jardín secreto* (2004), expuesto en la I Bienal de Arte contemporáneo de Sevilla, generaba una fantasía épica que constataba el engaño de las apariencias y la realidad del simulacro[116]. Su obra construye una narrativa que utiliza la cita al pasado y al arte como una representación de sí mismo a través del simulacro. La ironía expresada en sus obras funciona de forma similar a la clave humorística-*kitsch*, que retoman las obras de Jeff Koons. João Pedro Vale se apropia de iconos locales y de imágenes de la Cultura de masas, a fin de formular observaciones en torno a los valores mantenidos por la sociedad como verdaderos, a la par que relaciona los aspectos simbólicos que acompañan la existencia de estas creencias, oponiendo la ironía y el fetiche pop y exhibicionista a la monotonía del arte conceptual.

El autor exalta el carácter extravagante y fantástico que se esconde en nuestro imaginario, gracias a un simple cambio de contexto. *La culpa es mía* (2003) es una alegoría en la que el universo mítico de los niños aparece relacionado con la temática vegetal de un árbol hecho de hierro y cuerdas, que crece como parásito de otro árbol-huésped. El árbol termina matando a los árboles circundantes, al estrangular sus raíces, de la misma

---

[116] REIS, Paulo, "It is the truth that hides the fact that there is no truth", *en Dardo Magazine*, N° 9, octubre-enero, 2008.

manera que los monstruos carnívoros, aterrorizan a los niños en las películas.

Siguiendo a José Luis Brea, este tipo de obras se ajustan a lo que el crítico calificó de *efecto neobarroco*, término que le servirá para designar el fenómeno de cansancio de los sistemas de representación que, surgido en el ámbito artístico, se enfrenta a "la opulencia de las sociedades de la comunicación, la saturación de las escenas del discurso, la multiplicación de las estrategias de simulación, el triunfo del artificio, la Cultura del hiperconsumo y la sobreabundancia"[117]. Un Neobarroco postrágico que reafirma la impotencia de las formas para enunciar la verdad de las cosas.

Las referencias botánicas en el trabajo de **Paul Morrison** (Liverpool, Reino Unido, 1966) son lo suficientemente relevantes como para citar a este artista. La observación exhaustiva de los fenómenos naturales y los términos botánicos le sirven para describir el tejido celular que aumenta anualmente la circunferencia de los árboles y de otras plantas, confirmando la fascinación casi científica de Morrison por la *Naturaleza*.

Al eliminar el color de sus imágenes, la naturaleza serial de sus pinturas de plantas se expresan en un negro y blanco uniforme que habitualmente identifica su trabajo. Su inspiración recurre no sólo a los libros botánicos, sino también a las manifestaciones populares de la alta y baja Cultura, extendiéndose a los paradigmas de la Historia del arte y de los precursores del paisaje (Durero, Monet, etc.), para crear visiones abstraídas y, a menudo, magnificadas del paisaje. Su técnica consiste en el tratamiento infográfico de imágenes. Éstas son proyectadas en las paredes y, tras ser silueteadas con lápiz, son pintadas con pintura negra. Sus representaciones de

---

[117] BREA, José Luis, *Nuevas estrategias alegóricas,* Tecnos, Madrid, 1991, p. 5.

plantas –en ocasiones, repeticiones de una misma planta que representa bajo diversos aspectos– se complementan con vídeos de películas como *Bambi,* a los que, al igual que a sus pinturas, les ha quitado el color, produciendo unas atmósferas inquietantes[118].

Frente al uso del referente vegetal en el arte contemporáneo desde una instancia formal o simbólica, artistas como **Ana Mendieta** (La Habana, Cuba, 1948–Nueva York, EE. UU., 1985) plantean, como señala Gerardo Mosquera, una identificación directa de la naturaleza vegetal con el cuerpo físico de la artista:

Ella y su arte eran una sola pieza. Se trata de uno de los casos en que la creación artística ha estado más vinculada con la existencia individual. Su arte fue un rito compensatorio de su escisión personal, una solución imaginaria a su ansia imposible de afirmación mediante el regreso, a la vez en términos étnicos, freudianos, sociales y políticos [...][119].

Mendieta describía su obra como una vuelta al seno materno que, fundamentalmente, se apoyaba en el gesto de fundirse en un acto místico, con el medio natural, la tierra y la vegetación. Estamos frente a una metáfora del regreso a lo primario que, construida desde la propia sed individual de retorno al origen, actúa como una experiencia trascendental. Una experiencia que, a modo de una hierofanía íntima, genera una práctica artística que recupera una religiosidad pseudoprimitiva, basada en la reactivación de los acervos tradicionales de América Latina.

El trabajo de Ana Mendieta, a la manera de una ceremonia íntima con una *Naturaleza* cargada de implicaciones

---

[118] Véase "Arte en el mundo, Paul Morrison", en *El Cultural, El Mundo,* 25 de septiembre, 2003.
[119] MOSQUERA, Gerardo, "Ana Mendieta", Biblioteca virtual Luis Ángel Arango, Banco de la República.

antropológicas, se adscribe habitualmente y desde los años setenta, al *Earth Art*, pero en su caso los materiales naturales no se desplazan de su lugar de origen, sino que la artista, utilizando su propio cuerpo, asume una actitud más modesta: es el ser humano quien se dirige hacia la tierra, para integrarse en el medio natural, en busca de una fusión íntima que pretende, en última instancia, más que transformar, formar parte del entorno.

Se trata de un incipiente arte ecológico que preconiza la simbiosis entre mujer y paisaje y que plantea la colaboración entre la artista y la *Naturaleza* para romper las fronteras entre *Naturaleza* y Cultura.

La mayor parte de la producción de esta artista es de carácter efímero y fue llevada a cabo en lugares apartados, exhibiendo sólo la documentación fotográfica. Mendieta se usó a sí misma como una metáfora, utilizando la huella de su propio cuerpo junto con el paisaje, la tierra y los elementos vegetales para experimentar la fusión con la materia.

Asimismo, varios de los trabajos corporales más significativos fueron realizados durante 1973, en México, donde recurrirá a la incorporación del ritual de la muerte, "desafiando los límites de dos estados que en nuestra tradición occidental son contradictorias y excluyentes"[120].

Con sus acciones, sugiere de una forma simple e inmediata las relaciones necesarias entre la muerte y el resurgimiento de la vida, construyendo de manera natural el discurso arte–vida. Así, en la serie que inicia en 1973, nos referimos a *Siluetas*, el cuerpo de la artista, al cubrirse con elementos vegetales, produce un híbrido humano–planta que sugiere la regeneración de la vida, de forma similar a como sucede en *El árbol de la vida*

---

[120] RUIDO LÓPEZ, María, *Ana Mendieta,* Nerea, San Sebastián, 2002, p. 25.

(1977), donde la figura de la artista se metamorfosea en un árbol -que crece de la tierra y extiende sus ramas al cielo- y en el que la imagen convierte a la mujer en "parte mujer, parte planta, parte diosa"[121].

Como extensión de la necesidad del ser humano de habitar los espacios y, a manera de integración de esta necesidad en un hábitat natural, los trabajos de **Patrick Dougherty** (Oklahoma, Ohio, EE. UU., 1945) concilian *Naturaleza* y arquitectura, haciendo referencia a capullos, colmenas y guaridas construidas por animales, así como a formas artificiales de chozas. Sus instalaciones escultóricas están realizadas, siguiendo las pautas del trabajo artesanal destinado a elaborar cestas, entretejiendo y trenzando ramas de arbustos y árboles. Debido a ello, muchos de sus trabajos parecen, más que hechos, encontrados, como si hubieran sido creados por la fuerza natural de un tornado que barriera el paisaje.

Dougherty es conocido por las instalaciones que realiza en parques y jardines o en el exterior de galerías y museos, explorando la tensión, la elasticidad y las cualidades de las ramas con las que trabaja. Como la de otros artistas que trabajan con materiales naturales, su obra tiene un carácter efímero, ya que parte de estructuras de formas arremolinadas que, con el tiempo, regresan a la *Naturaleza*. Para John K. Grande, sus trabajos nos remiten a la experiencia estética de una *Naturaleza* salvaje que todo lo invade.

Cuando me puse a hacer esculturas con pequeños árboles, parecía fácil asimilar las fuerzas de la naturaleza e imprimir una especie de flujo de energía a las superficies de las grandes formas que creaba [122].

---

[121] RUIDO LÓPEZ, María, *op. cit.*, p. 98.
[122] GRANDE, John K., *op. cit.*, pp. 53-66.

En algunas piezas trata de elaborar obras que se sustenten por sí mismas y que funcionen como arquitectura. En su obra se aprecia un cierto espíritu de fantasía infantil que le permite interactuar con los espacios públicos de manera rápida. Sus intervenciones, sin pretensiones ecológicas, expresan una *Naturaleza* antropomorfizada que tiene como finalidad acentuar el lugar específico en el paisaje, aportando huellas de la presencia humana.

> *Mi propia obra no intenta realmente cumplir una misión medioambiental [...]. Me gusta el hecho de que la naturaleza tenga su propia voluntad que nosotros no podemos controlar. Parece claro que a la gente le gustan los jardines y el césped, pero que desean desesperadamente una conexión con la naturaleza salvaje, a pesar de que ese concepto no está claramente definido* [123].

Un artista que se caracteriza por un uso particular del vegetal relacionado con el cuerpo y la forma humana es **Vito Acconci** (Nueva York, EE. UU., 1940-2017). Hacia mediados de los años 1970, Acconci desarrolló la idea de que una obra podía utilizar el espacio expositivo para configurar el conjunto del espacio cultural. En 1969, Acconci inició un periodo experimental, realizando acciones y performances en espacios expositivos, en los que reflexionaba en torno a su propio ser, tanto físico como psicológico. Su idea era redefinir la obra de arte, al borrar las fronteras tradicionales entre el artista y el público y su relación con un contexto espacial y/o social. A principios de la década de 1980, su interés por el espacio evolucionó hacia intervenciones de tipo medioambiental y arquitectónico. De ahí que el poder de muchas de las propuestas de Acconci consistiera en su capacidad de repensar drásticamente el uso de los espacios públicos.

---

[123] GRANDE, John K., *op. cit.*, p. 65.

En *Isla personal* (1992), instalación temporal que duró cuatro meses, realiza una isla portátil con la que el artista puede desplazarse. En esta obra podía observarse un bote hundido en el suelo, con la proa llena de tierra y hierba, en el que estaba plantado un árbol. Paradójicamente, los remos estaban anclados en la tierra, como si alguien estuviera remando sobre la misma. El espectador podía sentarse en la barca y sentir que podía navegar como si la tierra fuese agua. Frente a este bote, estaba la imagen especular de otro que, enclavado en una sección circular de hierba, tenía también la proa llena de tierra, recubierta de hierba y un árbol plantado en él. En la acción sugerida al público, éste podía coger la barca con la sección circular y remar, llevándose consigo la propia isla hasta el mar.

En relación con los procesos como fuente de información en torno a la *Naturaleza*, nos interesa destacar el trabajo de **Anya Gallaccio** (Glasgow, Reino Unido, 1963). En sus obras, la mayoría instalaciones, los procesos de cambio constituyen la esencia de las mismas. Utilizando materiales naturales como flores, fruta, agua, hierba, chocolate, manzanas o plantas, la artista juega con procesos como la descomposición de los materiales, el derretido u otras alteraciones físicas.

Anya Gallaccio, por tanto, explora la tensión entre materiales orgánicos, como el azúcar, la cera y el hielo, y materiales tradicionales dentro del ámbito de la escultura, como pueden ser el bronce y el plomo, hecho que le permite generar trabajos en los que el carácter cambiante de la obra y el factor temporal son determinantes[124]. Desde esta perspectiva, sus obras, más que objetos, son eventos –cosas que pasan–, acciones que tienen lugar entre dos puntos de referencia: creación y destrucción. Por otro lado, Anya Gallaccio controla la duración de sus proyectos, haciendo de su trabajo un acontecimiento casi teatral.

---

[124] FORTNUM, Rebecca, *Contemporary british women artist: in their own words,* I.B. Tauris, Londres, 2007, pp. 1-7.

La obra de esta autora rompe con el concepto de la obra de arte como mercancía, habitualmente relacionado con nuestra sociedad de consumo, e introduce el factor del objeto artístico como algo temporal. Su trabajo, debido a la naturaleza imprevisible de los materiales con los que trabaja, es una colaboración. Utiliza materiales cotidianos de maneras fantásticas e inesperadas, encubriendo su artificialidad bajo una capa del naturalismo. Sus instalaciones cambian con el tiempo e interactúan con el espectador no sólo visualmente, sino también mediante otros sentidos como el olor y el oído.

En una de sus obras, *Repens* (2000), realizada en Compton Verney, Gallaccio retomó el diseño de la decoración interior de los techos del palacio y lo transfirió al paisaje exterior, en el césped de los jardines exteriores. El patrón desapareció al crecer la hierba, acentuando el interés de la artista en la transformación continua. Siguiendo la tradición de la pintura británica del paisaje, Gallaccio comenzó a considerar las posibilidades de trabajo que ofrecía el símbolo arquetípico del paisaje británico: el roble. Así, utilizó troncos de robles para llenar con ellos una galería. Con su corteza intacta, pero sin sus ramas, estos árboles eran como columnas que reflejaban la arquitectura clásica.

En otra instalación Gallaccio crea una alfombra orgánica semitransparente, vertiendo directamente una solución fundida de azúcar sobre el suelo, la cual terminará por separarse y endurecerse. Mediante este acto repetirá un gesto similar al llevado a cabo en *La helada* (1988), donde había vertido plomo fundido y encendido en el piso de un almacén.

Como hemos señalado, Gallaccio presenta experiencias sensoriales que van de lo auditivo a lo olfativo, de la percepción del olor de la putrefacción a la descomposición de la materia (cien mil rosas que se descomponen en el suelo o el olor del chocolate seco sobre las paredes). Este interés le llevará, por ejemplo, a utilizar una tonelada de naranjas maduras que extenderá sobre el suelo con el objetivo de que, al pudrirse, llenen el espacio con sus aromas acres y mohosos.

También colocó ochocientas flores rojas (gerberas) en el escaparate de una galería, cubriéndolas con un panel de cristal. Imitando la técnica del arte tradicional del enmarcado, el cristal –que normalmente conservaría y protegería– aquí facilitaba la descomposición de las flores. Se trata, por tanto, de un arte en proceso constante, donde la descomposición crea la vida, donde los significados son ambiguos y la materia no puede ser controlada a voluntad. En sus proyectos, a los sentimientos de unicidad y de teatralidad, se suma el componente de riesgo ya que no se pueden garantizar los resultados.

En definitiva el trabajo de Gallaccio versa sobre la noción de permanencia, lucha y equilibrio entre el crecimiento y la decadencia. Los materiales pueden ser transitorios, pero el mensaje es constante: el cambio es inevitable. Aunque el concepto artístico de la decadencia de la belleza no es nuevo, Gallaccio lo trata de una manera innovadora. Así, un manzano en bronce se adorna con manzanas verdaderas o una patata con brotes es fundida en bronce para ofrecer una visión de crecimiento y de vida duradera.

Para la Fundación Montenmedio Arte Contemporáneo de Cádiz, Gallaccio realizó una obra titulada *Para siempre* (2001), compuesta por cien piñas de tamaño natural de bronce que fueron esparcidas en el bosque con el objetivo de que fueran confundidas con el resto de piñas auténticas. Por otro lado, realizó la pieza *Verde y verdoso* (2001), un trabajo para el que la artista escogió dos áreas rectangulares de bosque de idénticas medidas. En ellas sembró semillas de hierbas y flores autóctonas para que crecieran y se mantuvieran como dos *tapices* en medio del bosque hasta que terminara la exposición, momento en el cual desaparecieron de forma natural.

La dialéctica Cultura y *Naturaleza* anima aspectos relevantes del trabajo de artistas como **Pamen Pereira** (Ferrol, A Coruña, 1963) cuyo interés en la *Naturaleza*, según Juan Bautista Peiró, no es tanto, una política de concienciación social, como un "proceso introspectivo de conciencia personal":

> *Sin embargo, no se debe caer en la reducción simplista de identificar tan compleja relación con el hecho de utilizar una serie de materiales tales como grasa, paja, pieles, arcilla, cera, raíces, chocolate, madera [...] estrechamente vinculados con la naturaleza entendida como aquello no manipulado por el hombre. [...]. Contrariamente a esa visión epidérmica -por no decir paisajística: la montaña, el agua, la vegetación- el término naturaleza alude primera y sustancialmente a las esencias y propiedades características de cada ser. Es desde esta segunda perspectiva cuando adquiere sentido la profunda e intensa investigación plástica que viene desarrollando Pamen Pereira. El trasunto del viaje, del tránsito, del cambio de estado, como principios recurrentes en la obra de P. Pereira no es otro que el eterno debate entre el universo de las esencias y el mundo de las apariencias* [125].

En sus obras aparecen reiterativamente raíces unidas a casas de formas geométricas o a un templo japonés. La unión de conceptos alude a una espiritualidad mediante la cual la artista experimenta con las ideas de ambivalencia, transformación, movimiento, proceso y devenir.

El agua y la tierra, materiales en la obra de la escultora **Meg Webster** (San Francisco, California, EE. UU.,1944), "abarcan lo inmediato y lo elemental" como sustancias básicas en relación con la forma[126]. La artista, que participó en la exposición *The*

---

[125] PEIRÓ LÓPEZ, Juan Bautista, *op. cit.,* p. 81.

[126] GUASCH, Ana Mª, *Los manifiestos del arte posmoderno. Textos de exposiciones (1980-1995),* Akal, Madrid, 2000, pp. 152-153.

110

New Poverty (1987), aborda la temática de la naturaleza vegetal desde el planteamiento de la real mortalidad de las cosas. Sus trabajos con materiales naturales recurren a representaciones de lo que Ana Mª Guasch califica como la utopía pastoril desarrollada durante la década de 1960[127]. En cierta manera sus paisajes miniaturizados, realizados con sistemas vegetales que se plantan y necesitan de un tiempo para su crecimiento, podrían considerase minimalistas. Se trata de paisajes conformados por sistemas ecológicos que generan la idea de una *Naturaleza* no virginal, sino manipulada por el hombre e, incluso, por la propia actuación de la misma artista. Por otra parte, estas obras ofrecen la doble lectura de la omnipresencia de la *Naturaleza* en el entorno aparentemente doméstico de los humanos y el contexto cultural de la galería de arte.

En el panorama del arte latinoamericano, algunos artistas se han caracterizado por haber utilizado elementos vegetales artificiales para plantear diferentes cuestiones culturales en el ámbito social. Entre ellos, **M.ª Fernanda Cardoso** (Bogotá, Colombia, 1963) realiza una serie de composiciones en cuyas formas podemos apreciar una idea necrológica. *Jardín vertical* (1992) es una especie de cementerio vertical, en el que la artista dispone flores de plástico que emergen de las paredes, sugiriendo una nueva, serena y extraña imagen de la *Naturaleza,* que recrea un estado contemplativo de la muerte. Su obra hace alusión a los rituales sociales a los que nos sentimos apegados.

El jardín vertical y las coronas de Cardoso se conectan con la belleza del rito funerario y hacen consciente la forma en la que la repetición de ritos, símbolos y ceremonias conmemorativas provocan la pérdida de la memoria y de los valores significativos. La utilización de la flor como símbolo de la belleza y sustitución de lo natural por lo artificial –las flores de plástico no tienen vida– revierte, por contraste, el proceso. En

---

127 GUASCH, Ana Mª, *op. cit.,* p. 198.

el contexto específico de Colombia -que sin duda, podríamos hacer extensivo a varias partes del mundo- la crudeza de las imágenes de violencia, de guerra y muerte han dejado de impactar al espectador. Al provocar una estetización de la idea de la mortalidad, las imágenes recobran su visibilidad.

La serie de obras con flores plásticas realizada por M.ª Fernanda Cardoso desde principios de los noventa [...] recurre al ready made *-en las flores se trata de productos industriales- [...] subyace una reflexión en torno a la muerte. [...]. Lo mórbido no es el contenido de la obra, es el dolor y su manifestación en agrupaciones coloridas de flores, símbolo de la belleza, la fertilidad y la vida, para celebrar la muerte y el sentimiento de pérdida que ella conlleva", como ha anotado la crítica Ana Sokoloff. En la tradición cristiana, las flores forman parte de los rituales de duelo, usualmente en forma de coronas que son enviadas como ofrenda póstuma a los familiares de alguien que ha fallecido. Como lo ha señalado José Hernán Aguilar, [...] la obra de Cardoso explora un tipo de agresividad que podría fundamentarse en la frustración de no poder salir del laberinto cultural que la origina* [128].

El artista colombiano **Alberto Baraya** (Bogotá, Colombia, 1968), recurre al universo plástico de una naturaleza artificial para explorar los usos de nuestra sociedad. En su obra *Herbario de plantas artificiales* (2003), a manera de las grandes expediciones botánicas del siglo XIX, recolecta plantas que, en lugar de ser reales, son artificiales. Baraya recorre el mundo tomando muestras de la variada vegetación artificial que decora los espacios tanto públicos como privados del planeta, a veces en lugares tan contradictorios y exuberantes como el Amazonas, a donde sin lugar a duda, también llegó la colonización de la artificialidad que nos envuelve.

---

[128] ROCA, José Ignacio, "Flora necrológica. Imágenes para una geografía política de las plantas", en *Lápiz*, N° 178, 2001, pp. 58-63.

Con estas muestras, clasificadas y organizadas -recordemos que la presentación visual de estas plantas sigue la metodología de las expediciones botánicas-, confeccionó durante cuatro años un herbario de plantas artificiales que fungía como activador de la memoria. En él, el artista documenta no sólo los ejemplares, sino también las experiencias y anécdotas de la recolección y de la donación, estableciendo una taxonomía de los lugares donde encuentra las plantas o desde donde se las envían sus colaboradores.

El trabajo de Baraya, como una exploración en torno al generalizado gusto por el *kitsch*, nos habla de una naturaleza vegetal que nos acompaña alrededor de todo el mundo y que, fingiendo crear un ambiente natural, evidencia nuestra propia artificialidad. El espectador, inmerso en una sociedad de consumo aberrante, prefiere la imitación -la representación fiel- que no necesita de riego y cuidados, a lo real y perecedero, con el objetivo de prescindir del cambio y obviar la muerte.

Como señala Humberto Junca, "la caprichosa relación entre arte como representación, cultura como construcción artificial y naturaleza no podría ser más contradictoria"[129]. De esta manera, el artista cuestiona nuestras ideas en torno a la *Naturaleza* en general, como construcción cultural, junto con las ideas relativas a lo nativo o al descubrimiento del Nuevo Mundo de naturaleza eurocéntrica.

La taxonomía de Baraya se centra, después del proceso de recolección y de clasificación de los ejemplares, en el uso que tenía la planta, con lo que reduce el elemento vegetal a la categoría de objeto decorativo. Para Baraya, es difícil que podamos conocer lo absolutamente natural, puesto que esta idea estará siempre contaminada por el punto de vista humano.

---

[129] JUNCA, Humberto, "El jardinero infiel. Alberto Baraya, artista... plástico", en *Arcadia. Periodismo cultural,* N° 9, junio, 2006, pp. 18-19.

Su estrategia, en definitiva, describe un paisaje cultural de intereses estéticos muy particulares.

Los proyectos de **Ester Partegàs** (La Garriga, Barcelona, 1972) se relacionan con la implacable presencia del consumismo en los espacios públicos. Sus instalaciones escultóricas reproducen los elementos genéricos que conforman nuestro paisaje urbano -anuncios, cajeros automáticos, bolsas de basura, árboles o bancos para sentarse- para mostrarnos lo que normalmente se encuentra escondido. Partegàs forma parte de las nuevas generaciones de artistas españoles, cada vez más cercanos a la cotidianeidad y al espacio público y, sumamente críticos con el poder y la institución[130]. En sus trabajos, Partegàs reproduce papeleras o contenedores de basura, rebosantes de su propio contenido, significándolos como objetos universalmente reconocidos en la vida urbana contemporánea. Así, en la Cultura de la sobresaturación, estos objetos públicos se convierten en signo de un extendido comportamiento (el habitual usar y tirar) que describe prácticas comunes en nuestras sociedades.

La escala de los objetos representados hace que el espectador sienta que físicamente forma parte de estos paisajes, sin embargo, la asepsia con la que la artista configura sus escenificaciones -casi teatrales- convierten al público en vulnerable al considerar el exceso y el desperdicio que generamos. A través de la reproducción de un paisaje urbano, la obra *Los sueños son más poderosos que las pesadillas* (2003) es una instalación, compuesta por grandes maceteros grises con plantas, que apela a la homogeneización del mundo contemporáneo, cuyas únicas notas de color vienen dadas, en contraposición, por la basura esparcida por el suelo.

---

[130] GRACIA, Jordi y RÓDENAS DE MOYA, Domingo (eds.), *Más es más. Sociedad y cultura en la España democrática, 1986-2008*, Iberoamericana, Madrid, 2008, p. 178.

Olafur Eliasson (Copenhague, Dinamarca, 1967) trabaja en torno a la *Naturaleza* y a los fenómenos naturales, en tanto que procesos de transformación y de interacción. Eliasson genera dispositivos productores de efectos que a menudo parecen reproducciones de la *Naturaleza*. Sus trabajos crean situaciones que no sólo desafían al espectador, cuestionando lo que suponemos que nos rodea, sino que también requieren reordenar nuestra percepción del ambiente y de nuestro lugar dentro de él.

Su obra se caracteriza por el estudio de la tensión entre Naturaleza y Cultura, centrando su estudio en las leyes de la física y la percepción sensorial de las condiciones naturales[131]. Sus trabajos cuestionan nuestro concepto de realidad, así como las ideas que habitualmente tenemos en torno a la *Naturaleza* y los mecanismos empleados por la Ciencia para el registro y la observación de ésta, convocando al espectador a reflexionar sobre las experiencias que percibe. Su obra circula entre la *Naturaleza* y la tecnología, entre lo orgánico y lo industrial, interrelacionándose psíquica y emotivamente con los elementos utilizados.

A lo largo de su trayectoria, el artista ha desarrollado dos bloques de trabajos independientes, pero fuertemente relacionados: instalaciones y registros fotográficos. En sus instalaciones, utiliza elementos que pertenecen siempre a la esfera natural (rayos de luz solar, vapores, hielo, corrientes de aire y agua) o elementos vegetales que configuran escenografías que, en ocasiones, se basan indirectamente en investigaciones subatómicas o astrofísicas. El propósito del artista es mostrar cómo a lo largo de la historia, los diferentes modelos de percepción admitidos por la razón objetiva provocan cambios en las estructuras sociales e ideológicas, afectando nuestra visión del mundo. Eliasson crea, con una gran

---

[131] GÓMEZ AGUILERA, Fernando, "La Naturaleza ya no será más la Naturaleza", en *El Cultural, El Mundo,* 1 de junio, 2006.

economía de medios y mediante diferentes dispositivos para la percepción de la realidad, conexiones entre la realidad y nuestra percepción de ésta.

En su obra fotográfica, el artista actúa como documentalista del paisaje natural. Sus series fotográficas presentan imágenes con temas repetitivos sobre glaciares, ríos, islas, cuevas, lagos o cataratas que se presentan montadas unas junto a otras, componiendo retablos monográficos. En estas composiciones, sin que aparezca directamente la presencia humana, vemos señales indirectas del ser humano que funcionan a modo de invitación para que el espectador se integre en la experiencia perceptiva que el artista plantea. Eliasson trata de apresar así las peculiaridades del entorno desde ángulos poco habituales, reflejando una Naturaleza diferente.

Para la realización de sus instalaciones y esculturas, utiliza materiales poco usuales como hielo, aire, musgo, lava o agua, que confieren a su trabajo un aspecto casi científico, provocando sutiles enfrentamientos entre el espectador y los fenómenos naturales. Los elementos naturales, la luz, el agua, el viento, la temperatura, el movimiento o el fuego se hacen presentes sin ocultar los sencillos procesos mecánicos por los cuales el artista ha generado esa presencia. Lo mecánico, lo natural y la experiencia perceptual se integran de un modo poético. Eliasson busca motivar la habitual pasividad del público, implicándolo en situaciones estimulantes y haciendo, por ejemplo, que el espectador recorra el espacio de sus obras como en el caso de *Lavafloor* (2002), obra en la que el artista llenó el espacio de la galería con varias toneladas de lava que el espectador tenía que atravesar.

En *Green River* (1998) el artista, sin previo aviso, vació en el río Norrström que corre a través de la ciudad de Estocolmo, un pigmento no tóxico usado comúnmente por los biólogos marinos. El agua, al contacto con la sustancia se volvió de un color verde luminoso y, a medida que el río atravesaba la ciudad, impactaba a los transeúntes que detenían su paso, percibiendo el río de una manera nueva y diferente. Esta intervención, transformó momentáneamente el paisaje, redirigiendo la atención de la ciudad a la realidad aumentada del río.

La obra *Moss wall* (1994) es un muro de musgo, realizado en tres dimensiones con texturas, que parece una alfombra. Sin embargo, al aproximarse a la misma se comprueba que es realmente musgo nórdico. Esta pieza aparenta haber sido extraída directamente del suelo con la finalidad de ser colocada en posición vertical, lo cual resulta contradictorio con la forma en la que normalmente encontramos este material orgánico. La obra tiene mucho que ver con la relación de la *Naturaleza* con la Cultura.

En este sentido, los cambios que experimenta en el transcurso de la exposición, uno de ellos el color –una especie de gris verdoso que se va secando con el tiempo hasta volverse amarillento–, la convierten en una obra procesual en continua metamorfosis. Un hecho al que se une el propio olor que desprende, lo cual permite considerarla como un trabajo multisensorial.

El artista **Roxy Paine** (Nueva York, EE. UU, 1966) genera naturalezas artificiales que se emplazan en espacios públicos. Se trata de esculturas con apariencia orgánica, específicamente vegetal: árboles de acero inoxidable que generan un fuerte contraste entre el material y lo representado. En la base de su trabajo encontramos la idea de manipulación de la *Naturaleza* para crear algo artificial. La gran mayoría de sus obras conllevan una realización técnica compleja y una precisión casi mecánica, donde la dificultad de la ejecución da vida al más mínimo detalle. Los fragmentos de paisajes de setas y amapolas de Paine ofrecen una apariencia de naturalidad, sucitando la paradójica ilusión de que existen sin manipulación humana.

Psilocybe Cubensis Field (1999) es una obra que contiene 2.200 hongos alucinógenos pintados individualmente. Se trata de cultivos de hongos y amapolas, realizados meticulosamente con polímero thermoset –una clase de arcilla ligera, sintética–, con látex y con resinas, todo ello dotado de un carácter tan perfeccionista que hace difícil distinguir sus creaciones de la realidad.

El artista declara su admiración por las plantas como productoras de vida, capaces de proveer su propio alimento. La vida se encuentra en animales y plantas, pero mientras que en animales se manifiesta claramente, en las plantas se oculta y no es tan evidente. Como argumenta una investigación botánica, las plantas tienen una velocidad diferente que, acaso, podríamos percibir con el opio, única sustancia vegetal que, según el poeta Jean Cocteau, es capaz de comunicarnos el estado vegetal. Por otra parte, los hongos, los más bajos en la escala ecológica de las plantas, funcionan incluso a velocidades más reducidas: son plantas que descomponen otros organismos del mundo natural después de que éstos hayan muerto.

En este tipo de obras Paine se plantea la pieza como un proceso que surge como resultado del tiempo y del trabajo que se invierten en su desarrollo. *Cosecha* (1997), por ejemplo, es un arreglo de amapolas pintadas a mano –meticulosamente realizadas con látex y alambre– que muestra todas las etapas de su ciclo vital, desde la semilla a la cosecha del opio. A su vez, *Campo de hiedra venenosa (Radicans de Toxicodendron)* (1997) responde a un fragmento de campo en el que podemos observar hiedra, dientes de león, basura, jeringuillas y malas hierbas. Estos elementos se disponen en una elegante vitrina de madera y cristal. En concordancia con los planteamientos de Paine, recordamos las palabras de Baudrillard en torno al concepto de simulacro y su poder de seducción afirmando que ésta obedece al artificio:

La seducción nunca es del orden de la naturaleza, sino del artificio -nunca del orden de la energía, sino del signo y del ritual. Por ello todos los grandes sistemas de producción y de interpretación no han cesado de excluirla del campo conceptual [132].

Las construcciones de Paine -tanto por sus formas como por sus temáticas- producen un *trompe l´oeil* que nos seduce por conseguir sustraer de la realidad, la paradoja ilusionista que nos devuelve al mundo real:

Veleidad física de atrapar las cosas, pero veleidad suspendida y por ello convertida en metafísica -los objetos del trompe l´oeil *conservan la misma imposición fantástica del descubrimiento por el niño de su imagen, algo de alucinación inmediata anterior al orden perceptivo-. Si hay, pues, un milagro del* trompe l´oeil, *nunca reside en la ejecución realista -las uvas de Zeuxis, tan verdaderas que los pájaros van a picotearlas-. Absurdo. Nunca puede haber milagro en el exceso de realidad, sino justo al revés, en la extinción repentina de la realidad y en el vértigo de precipitarse en ella. Esta desaparición del escenario de lo real es la que traduce la familiaridad surreal de los objetos* [133].

En definitiva, la cuestión fundamental, como en muchos otros artistas, es cuáles son los límites entre la vida y el arte, pero como generalmente todos están más interesados en las preguntas que en las respuestas, sus obras funcionan como laboratorios de experimentación con los que provocar al espectador. Así, también **Gerda Steiner** y **Jörg Lenzlinger** (Esttiswil, Suiza, 1967 y Uster, Suiza, 1964) han venido desarrollado desde 1997, una serie de proyectos comunes en

---

[132] BAUDRILLARD, Jean, *De la seducción,* Cátedra, Madrid, 2007, pp. 9-10.

[133] BAUDRILLARD, Jean, *op. cit.,* p. 63.

los que construyen paradójicos sistemas aparentemente naturales. Gerda Steiner era conocida por sus pinturas murales de formas curvilíneas y fuertes colores, evocadores de los patrones psicodélicos de la década de 1960. Por su parte, Jörg Lenzlinger se había especializado en experimentar con sustancias químicas que se transformaban, mediante fertilizantes, en extraños paisajes de brillantes, coloridas y cristalinas formaciones.

En su trabajo en común estos artistas realizan instalaciones de grandes dimensiones, con innumerables y diversas piezas, que ofrecen el aspecto lúdico de un metajardín repleto de arreglos de flores artificiales, alambres, luces y vegetación, tanto viva como sintética. La experiencia del jardín se complementa con flores que cuelgan y pequeños estanques conectados por un sistema nervioso vegetativo, en el que una solución hidropónica fluorescente es el fertilizante que sirve para alimentar al entramado de plantas tanto artificiales como verdaderas. Al ambiente de la exposición se añaden sonidos de jardín y ruidos de las pulsaciones del cuerpo humano, así como mobiliario especial (camas) en donde el espectador puede reposar y dedicarse a la contemplación del espectáculo.

Tras la seductora apariencia de estos bucólicos escenarios, los artistas jardineros –como así les llaman– plantean los graves problemas ecológicos de nuestra época. Su intención, a manera de una extraña prueba de laboratorio, es presentar con ironía y humor, una especie de paisaje futurista, en el que poder observar las fuerzas del crecimiento dentro de una biodiversidad compleja y caótica. Esta circunstancia nos ofrece la posibilidad de ver qué sucede con elementos tan dispares y comprobar qué estrategias, alianzas y necesidades desarrollan entre ellos. En este panorama –las estructuras cohabitan con los mismos espacios en los que entran en descomposición– los límites entre lo atractivo y lo repulsivo se disuelven: el aloe vera crece en un lago de aceite usado en donde flota una isla de champiñones; plantas trepadoras escalan un cable, las raíces se transforman en tubos, las ramas muertas de un rosal florecen, hay una fuente en una cueva construida con ordenadores y basura de plástico, las malas hierbas se desarrollan a gran velocidad, etc.

En estos jardines interiores, se confronta lo natural y lo artificial a través de la vegetación, evidenciando las relaciones entre arte y *Naturaleza*, mediante dispositivos heteróclitos de finalidad confusa, con los que se genera un retrato de la relación conflictiva entre la *Naturaleza* y la civilización contemporánea. En un proceso de cambio constante, las fuerzas elementales de la biodiversidad contraatacan, transformando las instalaciones en el transcurso de la exposición, ya que los organismos vivos crecen, florecen o se pudren, recubriendo con cortezas de cristales coloreados su entorno. Paralelamente, las instalaciones escultóricas de estos artistas parecen respirar, puesto que en ellas lo artificial y lo natural conviven, generando un ecosistema en el que aparentemente máquinas y organismos vivos se relacionan. Un ecosistema en el que se invita al espectador a la interacción y a la contemplación, ya que en éste confluye de forma simultánea y antagónica tanto lo señalado en 1950 por Jackson Pollock cuando declaraba "I am nature" ("Soy naturaleza")[134], como lo que afirmaba Andy Warhol al apuntar "I am a machine" ("Soy una máquina")[135].

En la intersección entre *Naturaleza* y tecnología[136], el trabajo de **Doug Buis** (London, Ontario, Canadá, 1957), consigue fusionar estética e ingeniería. El artista realiza instalaciones interactivas en las que, por un lado, implementa máquinas con componentes electrónicos (acero, motores eléctricos, piezas

---

[134] BLANCO, Alberto, *Las voces del ver, 42 ensayos sobre artes visuales*, Sello Bermejo, Consejo Nacional para la Cultura y las Artes, México, D. F., 1997, pp. 289-290.

[135] FOSTER, Hal, *El retorno de lo real. La vanguardia a finales de siglo*, Akal, Madrid, 2001, p. 133.

[136] GRANDE, John K., *op. cit.*, pp. 121-136.

mecánicas) y, por otro, elementos naturales (hierba, plantas, tierra) que, junto con otros elementos simbólicos (ordenadores portátiles, monitores), cuestionan nuestra relación con la *Naturaleza*.

Máquina con hierba (2002) define la fenomenología de un paisaje de hierba, debajo del cual se observa todo un aparato mecánico. El conjunto deviene vivo al accionar un pedal que el espectador puede manipular con el pie. Con esta acción se genera una onda similar a los efectos que produce el viento sobre la hierba.

Buis desenmascara así los escenarios políticamente correctos que, en torno a la ecología nos presenta el mundo de la imagen y las promesas de la publicidad[137]. Paradigmas ficticios que nos ofrecen un mundo de sustitución en el que la imagen se vuelve sustituto de lo real y en el que podemos prescindir tanto de selvas (*Naturaleza*), como de museos (Cultura). Sus microjardines –en ocasiones pequeños dioramas paisajísticos– ridiculizan la forma en la que la imagen sustituye nuestra experiencia de la realidad. El artista propone la vivencia real como actividad que rescata nuestro conocimiento en torno a los procesos vitales.

Sin duda, los conocimientos científicos nos han llevado más allá de las leyes de la mecánica, así, ante un futuro de evolución imprevisible, la libertad de especular sin límites es llevada a diferentes extremos por la biotecnología. En este proceso, aunque partiendo de planteamientos artísticos, una serie de autores y autoras han incursionado en la variación genética de organismos vegetales. Entre ellos, podemos considerar a **Natalie Jeremijenko** (Mackay, Queensland, Australia, 1966) como tecnoartista que realiza proyectos en la intersección entre el arte contemporáneo, la Ciencia y la ingeniería.

---

[137] MOLTER, Michael, "Douglas Buis: home and Oasis", en *Espace Sculpture*, N° 31, Spring, 1995, pp. 22-24.

En el año 1999 expuso en San Francisco un microcultivo con el que había conseguido la clonación de un "ejemplar arbóreo en 100 descendientes idénticos"[138]. Posteriormente, con el proyecto *One Trees* (2000), ampliaría al ámbito público en el experimento al plantar parejas de árboles genéticamente idénticos –clones– en diferentes zonas de la bahía de San Francisco. La artista planteaba que en su proceso de crecimiento, los árboles, a pesar de ser genéticamente idénticos, revelarían las variaciones específicas de los diferentes entornos sociales y ambientales en los cuales se encontraban, ayudándonos con ello, a entender nuestro lugar en el mundo. Esta experiencia hacía visible los resultados al público, que podía comparar los árboles clonados y sus homólogos biológicos, a la vez que suscitaba el debate en torno al determinismo genético y su influencia ambiental. El proyecto usaba programas informáticos que incluían simulaciones del índice de crecimiento de los árboles, controlado por un medidor de anhídrido carbónico.

Tree cloning (2004) es otra pieza de Jeremijenko en la que presenta un kit de microbiología para aficionados. Éste se vende en tiendas de mascotas y ofrece todo lo necesario para poder clonar árboles, incluyendo las instrucciones.

La obra del artista norteamericano **George Gessert** (Milwaukee, Wisconsin, EE. UU., 1944) destaca, entre una serie de artistas dedicados en exclusiva a la variación genética de organismos vegetales, por su grado de especialización en la obtención de flores híbridas, siendo uno de los primeros –como señala Héctor Julio Pérez– en explorar el arte transgénico:

> *[...] en 1985 realizó un polémico proyecto en que distribuyó semillas de varios de sus híbridos en zonas consideradas salvajes de USA. Gessert, pese a declarar su conexión con*

---

138 PÉREZ LÓPEZ, Héctor Julio, *op. cit.*, p. 68.

los métodos de hibridación tradicionales y su inspiración en las modificaciones genéticas puestas en marcha por el fotógrafo Edward Steichen en su Delphinium, *fue uno de los primeros en explotar el potencial polémico del arte transgénico [...]* [139].

Tras sus estudios en horticultura, biología, química y entomología, sigue la inspiración de Edward Steichen quien, en 1936, expuso híbridos de flores en el Museo de Arte Moderno de Nueva York. Interesado en las plantas tanto como seres vivos, como objetos estéticos, Gessert practica un arte biotecnológico cultivando, cruzando y seleccionando flores. Contrariamente a lo que afirmaba Walter Benjamin en torno a la pérdida del aura de las obras de arte reproducidas en serie, las plantas ornamentales prueban exactamente lo contrario.

Explorando la alianza humano-vegetal, también **Eduardo Kac** (Río de Janeiro, Brasil, 1962), ha desarrollado mediante la biología molecular, una nueva flor que tiene el ADN del propio artista. La floración de la *Edunia* (2003-2008) que no se encuentra en la *Naturaleza,* proporciona una "imagen viviente de la sangre humana circulando por las venas de una flor" [140].

En un polo completamente opuesto, las plantas y las flores aparecen repetitivamente en las piezas de **Jeff Koons** (York, Pennsylvania, EE. UU., 1955). Su obra, relacionada con el concepto del vacío, lo cursi y el *kitsch*, lleva a Duchamp y al dadaísmo a sus últimas consecuencias, integrando referencias al pop. Koons forma parte de una generación de artistas que, a mediados de los años 1980, exploraba el significado del arte en una era saturada por los medios de comunicación y la crisis de representación.

---

[139] PÉREZ LÓPEZ, Héctor Julio, *op. cit.,* p. 67.
[140] KAC, Eduardo, *Telepresencia y bioarte. Interconexión en red de humanos, robots y conejos,* Cendeac, Murcia, 2010, pp. 389-390.

Sus trabajos, inspirados en el lenguaje visual de la publicidad, el marketing y la industria del entretenimiento, efectúan una apología de la decadencia de nuestra sociedad. El artista, alejándose de la estética convencional explora los límites entre el arte y la Cultura popular, utilizando objetos de consumo como aspiradoras, balones de baloncesto o porcelanas, en homenaje a Michael Jackson o a la Pantera Rosa. Mediante estos elementos el artista funciona como mediador que facilita el acceso al objeto de deseo[141].

En sus obras abundan iconos familiares extraídos de la realidad cotidiana, de hecho, la recuperación del objeto recargado y *kitsch* –que responde al gusto de la Cultura dominante[142]– satisface el deseo del artista de acceder al público mediante los objetos característicos del entorno cotidiano del propio espectador. Realizadas en cerámica, en madera policromada o metalizadas y magnificadas por el tamaño (*Tulipanes,* 2004), una buena parte de sus esculturas retoma la temática del ornamento floral, en el afán de evidenciar el carácter mercantilista del arte[143].

La escultura *Puppy* (1992) –un cachorro de perro terrier que custodia la entrada al Museo Guggenheim de Bilbao– constituye uno de los jardines verticales contemporáneos, convertido ahora en referente turístico de la ciudad. Polémico, por su declarado culto al mundo de la apariencia y del consumismo, esta pieza se mantiene "viva", gracias a las 50.000 flores que se cambian dos veces al año. Koons presenta el mundo del fetiche consumista como una manera de recordar al espectador lo obsoleto del arte frente al dominio de lo cotidiano. Sin embargo, esta desacralizadora lectura del arte, se convierte en subversiva

---

[141] BOURRIAUD, Nicolás, *op. cit.,* pp. 24-28.
[142] GREENBERG, Clement, *Arte y cultura,* Gustavo Gili, Barcelona, 1979, p. 20.
[143] KUSPIT, Donald, *El fin del arte,* Akal, Madrid, 2006, p. 74.

al entender *Puppy* como una obra en proceso que requiere cuidados y mantenimiento.

El artista, considerando la obra de arte como mercancía, propugna el acto de consumir como un acto creativo dentro de una Cultura en la que el arte depende de la sociedad del espectáculo –la misma que da a luz a museos como el Guggenheim– y, sin la cual, el planteamiento estético se torna absurdo. Siguiendo la lectura de Bourriaud en torno a Koons, por extensión, la naturaleza vegetal manifiesta en las obras de este artista, se cosifica como un condensador del deseo, hasta el punto de considerarse también un objeto de consumo.

La transgresión del culto a la belleza y de la mímesis como representación, junto con la nueva e imprescindible necesidad de mantenimiento de la obra de arte, aparece en el trabajo de **Marc Quinn** (Londres, Reino Unido, 1964), autor de unas series fotográficas, *Winter Garden* (2002), en torno a naturalezas muertas de flores, conservadas en un congelador. Se trata de ocho fotografías tomadas a partir de la elaboración de un exuberante jardín dispuesto sobre una cama de hielo. El proceso de congelación de las plantas, combinado con el tratamiento digital de las imágenes, realzaba los colores, acentuando irónicamente la línea entre la vida y la muerte, regulada a partir de aquí por el dispositivo técnico de un refrigerador.

El planteamiento del artista gira en torno a la supervivencia de nuestra especie en la era de la manipulación genética, interrogándonos sobre la mortalidad y la fragilidad de la vida, en un mundo donde la criogénica parece una progresión casi natural en nuestra obsesión por la longevidad. Más conocido como escultor, Quinn emplea materiales no tradicionales como sangre en el *Autorretrato* (1991) de su cabeza, en donde el artista presentaba cinco litros de su sangre que, para que se mantuviera sólida, permanecía congelada gracias a una cámara frigorífica.

De la economía y el consumo como ejes sociales, a la política como motor del mundo, la artista **Jane Benson** (Thonburg, Reino Unido, 1973) utiliza el camuflaje como estrategia creativa, centrándose en la representación de la naturaleza artificial en ambientes interiores. El trabajo de esta artista se caracteriza por la utilización del elemento vegetal con un trasfondo político, para cuestionar nuestros conceptos en torno a lo natural y lo artificial. Sus obras se insertan en contextos no tradicionales para producir en el espectador una mirada diferente con relación a lo políticamente correcto de lo cotidiano. Como material, utiliza flores artificiales que son alteradas por la artista para parecer más artificiales todavía, lo que hace visible la artificialidad de los lugares en donde habitualmente se colocan este tipo de decoraciones.

En la pieza *Happy Faux Flora* (*Flora artificial*) (2002), la artista cortó cada hoja de las plantas expuestas, siguiendo formas geométricas (triángulos, rectángulos, etc.). De esta manera, las plantas ofrecían una forma antinatural al crear la ilusión de fantásticas mutaciones genéticas producidas por la contaminación del medio ambiente. Con ello, tal como sugiere Nuit Banait, la artista cuestiona la artificialidad de nuestra percepción en torno a la experiencia de lo cotidiano.

A su vez, en *Underbush* (2004), una especie de camuflaje-follaje ornamental, Benson evoca las antiguas pompas militares, colgando del techo, a manera de adornos para una celebración, una serie de guirnaldas[144]. Al estar pintada con los colores del camuflaje militar, la inofensiva decoración adquiere el matiz de una crítica política en torno al poder, la guerra, el terrorismo y las recientes políticas de Estados Unidos. La instalación, por tanto, transforma el espacio expositivo en un salón híbrido entre festivo y militar, evidenciando las relaciones actuales

---

[144] *Underbush* es el nombre de una empresa que fabrica trajes de camuflaje.

entre celebración, adorno y engaño. Asimismo, las plantas realizadas –que deberían ser agradablemente decorativas– se tornan agresivas, negándose a ser cómplices de este proceso de camuflaje. Con la identificación entre los ámbitos de la estética y la política, Benson plantea una resistencia a la mimesis, así como una necesaria y urgente reelaboración de patrones y formas. De hecho, en *Monument to Weeds* (2006) la artista realiza un monumento conmemorativo a las malas hierbas indígenas que el Ministerio de Agricultura norteamericano consideraba nocivas, construyendo una metáfora de las políticas, cada vez más restrictivas de inmigración de los Estados Unidos.

La utilización de plantas, flores y, en general, del referente vegetal en cualquier material dentro del arte contemporáneo, otorga al elemento sobre el que se aplica, un valor simbólico añadido, capaz de transformar radicalmente el significado que el objeto tuviera con anterioridad. Así lo demuestran los trabajos de **Jerilea Zempel** (Nueva York, EE. UU., 1947) quien, tras la liberación del poder soviético en Poznan (Polonia), recubre un tanque (*Guns and rosette*) (1995-1998), con una funda de flores de ganchillo, convirtiéndolo en un "fantasma del militarismo" que es recuperado por medio del sentido floral y feminista del trabajo textil[145],

Por su parte, la artista portuguesa **Joana Vasconcelos** (París, Francia, 1971) desarrolla una obra quese caracteriza por la incorporación y articulación múltiple de objetos cotidianos de consumo en piezas que son objetos del mobiliario público, industrial o doméstico. Estas piezas recuperan el discurso del arte pop y la ironía estética del *kitsch*, con el empleo de nuevos lenguajes y materiales. A su vez, el trabajo de esta artista aborda, con un toque de humor mordaz, problemas claves de la tradición escultórica.

---

[145] GRANDE, John K., *op. cit.*, p. 89.

Por último, y para concluir el presente recorrido, cabe señalar que el vacío ideológico y espiritual provocado por la crisis de valores de la sociedad moderna se ha visto sustituido, como hemos estado viendo, por el consumismo, la frivolidad y la simulación[146]. No obstante, tras el aparente triunfo de un hedonismo voraz, la insatisfacción recorre el panorama de las artes, multiplicándose formalmente y buscando respuestas que intenten recuperar el sentido vital. Entre ellas, algunas prácticas recurren a lo que Omar Calabrese denomina la "repetición como modo de producción de una serie con una matriz única"[147]. En este sentido, la categoría estética y formal del Barroco, denostada durante el siglo XIX, fue recuperada a partir de 1888 por H. Wölfflin[148], quien lo consideraba un sistema de representación que aparece periódica y sistemáticamente dentro de la Historia del Arte.

Por su parte, Calabrese, alejándose de la concepción clásica del Barroco, acuñó en 1987, la expresión Neobarroco para designar el "gusto predominante de nuestro tiempo"[149], un gusto que no sólo es reflejo de las nuevas estéticas contemporáneas de la banalidad, sino también, y en coincidencia con Baudrillard, una muestra de la pulsión existente en las nuevas prácticas artísticas tanto por la teatralidad como por el simulacro. Estamos así ante formas llamativas, recargadas y con un dinamismo exacerbado, que fungen como soportes de discursos que aluden a temas intemporales (amor, placer, dolor o muerte) y a otros característicos de nuestro presente, como la inmigración.

---

[146] HERNANDO, Javier, "Energía convulsiva. Barrocos y neobarrocos: el infierno de lo bello", en *El Cultural, El mundo,* 6 de octubre, 2005.

[147] CALABRESE, Omar, *La era neobarroca,* Cátedra, Madrid, 1999, pp. 45-46.

[148] WÖLFFLIN, Heinrich, *Renacimiento y Barroco,* Paidós, Barcelona, 2008.

[149] CALABRESE, Omar, *op. cit.,* p.12.

Al respecto, uno de los ejemplos de esta nueva sensibilidad se puede encontrar en la obra de **Yayoi Kusama** (Matsumoto, Japón, 1929), En la misma observamos una tendencia a la exageración y a lo recargado, con abundantes referencias naturales a un mundo orgánico que, por su exuberancia formal, pueden considerarse como alusiones tanto al mundo animal como al vegetal. Kusama comenzó a realizar sus acumulaciones sobre objetos cotidianos, encontrados en la calle, en Nueva York, en 1961. La artista resuelve el conflicto de poder entre lo masculino y lo femenino, mediante la multiplicación reproductiva de trasfondo sexual, transformando las formas fálicas que aparecen en sus esculturas en elementos germinativos y vegetales. Su posterior interés por el camuflaje y, el deseo de camuflar sus objetos en un fondo desdiferenciado, la llevó a pintar puntos rojos en todos sus escenarios. El afán por confundir figura y fondo se materializó mediante el uso de espejos, de forma que la presencia del propio cuerpo de la artista lograba, en su inclinación hacia la indistinción, borrar la identidad[150].

---

[150] FOSTER, Hal *et al.*, *Arte desde 1900. Modernidad, antimodernidad y Posmodernidad*, Akal, Madrid, 2006, p. 502.

4. Una reflexión final

Hasta aquí, y sin agotar los numerosos planteamientos que abordan los artistas visuales, hemos visto cómo en la actualidad son muchos los que, de una u otra manera, utilizan conscientemente el elemento vegetal para expresar una suerte de integración entre la naturaleza humana y la vegetal.

A finales del siglo XX y principios del XXI, esta tendencia se inserta en el panorama artístico internacional describiendo un discurso vitalista que integra múltiples conceptos. Las nociones de *Naturaleza* y Cultura, conciencia y rescate ecológico, simbolismo y retórica o los conceptos de natural y artificial discurren por caminos paralelos, desde el estudio de las formas y las estructuras, hasta la búsqueda de una identidad propia, sea ésta individual o social.

Sin duda, complejas y variadas son las propuestas artísticas que se presentan en el ámbito escultórico, pero todas ellas marcan pautas, plantean y dan respuesta a necesidades y cuestiones específicas del ser humano, sean éstas ecológicas, espirituales, formales y/o estructurales por los que nos parece importante registrarlas en este libro.

A lo largo de estas páginas, partiendo de las reflexiones en torno a las prácticas de los artistas, se evidencia la repercusión que el referente vegetal ha tenido y tiene en la escultura y el arte contemporáneos. Cuestión que subraya cómo la utilización de las plantas en un contexto artístico es, sin duda, un importante indicativo que pone su acento en el binomio Arte y *Naturaleza*.

De esta forma, se obtiene una mejor compresión del concepto de *Naturaleza* y de su utilización en el arte contemporáneo, así como de los vínculos que este término ha generado en tanto que construcción cultural a lo largo de la historia del ser humano. En este proceso se ha recurrido a la utilización de la retórica como herramienta de trabajo. Al seleccionar únicamente las plantas y por consiguiente utilizar la parte por el todo –el referente vegetal por el conjunto de la idea de *Naturaleza*– la metonimia, como figura retórica nos ha proporcionado una lectura más puntual y focalizada.

Los aspectos en común encontrados en las estrategias artísticas individuales han permitido, entre otras cosas, desentrañar las diferencias entre aquello considerado como natural –en lo que no ha intervenido el hombre– y lo que se considera artificial como lo creado mediante su intervención, facilitando una lectura transversal de la temática.

5. Referencias

ALBELDA, José y SABORIT, José, *La construcción de la naturaleza*, Direcció General de Promoció Cultural, Museus i Belles Arts, Conselleria de Cultura, Educació i Ciència, Generalitat Valenciana, Valencia, 1997.

BACHOFEN, Johann Jakob, *El matriarcado. Una investigación sobre la ginecocracia en el mundo antiguo según su naturaleza religiosa y jurídica*, Akal, Madrid, 2008.

BADER, Joerg, "Carsten Höller", en *Lápiz*, N° 206, 2004.

BARLEY, Nigel, *El antropólogo inocente. Notas desde una choza de barro*, Anagrama Barcelona, 1989.

BATESON, Gregory, *Una unidad sagrada. Pasos ulteriores hacia una ecología de la mente*, Gedisa, Barcelona, 1999.

BAUDRILLARD, Jean, *De la seducción*, Cátedra, Madrid, 2007.

BEIGBEDER, Olivier, *Léxico de los símbolos*, Encuentro, Vol. 15, Serie Europa Románica, Madrid, 1989.

BERNÁRDEZ SANCHÍS, Carmen, *Joseph Beuys*, Nerea, Guipúzcoa, 1999.

BIEDERMANN, Hans, *Diccionario de símbolos*, Paidós, Barcelona, 1993.

BLANCO, Alberto, *Las voces del ver, 42 ensayos sobre artes visuales*, Sello Bermejo, Consejo Nacional para la Cultura y las Artes, México, D. F., 1997.

NAYDER, Jeremy y GAUGER, Gloria, *Goethe y la ciencia*, Siruela, Madrid, 2002.

BLANCO, Paloma *et al.*, *Modos de hacer. Arte crítico, esfera pública y acción directa*, Universidad de Salamanca, Salamanca, 2001.

BOURRIAUD, Nicolas, *Postproducción. La cultura como escenario: modos en que el arte reprograma el mundo contemporáneo*, Adriana Hidalgo editora, Buenos Aires, 2009.

BRANSCHWIG, Jacques *et al.*, *El saber griego. Diccionario crítico*, Akal, Madrid, 2000.

BREA, José Luis, *Nuevas estrategias alegóricas*, Tecnos, Madrid, 1991.

CAILLOIS, Roger, *Piedras y otros textos*, Siruela, Madrid, 2011.

CALABRESE, Omar, *La era neobarroca*, Cátedra, Madrid, 1999.

CASTRO FLÓREZ, Fernando, "El entropólogo deconstructor", en *ABCD de las Artes y las Letras*, 21 de junio, 2008, Nº 855.

CAUSEY, Andrew, "Environmental Sculptures", en Andy Goldsworthy, *A collaboration with nature*, Harry N. Abrams, Inc., Publishers, Nueva York, 1990.

CIRLOT, Juan Eduardo, *Diccionario de símbolos*, Labor, Barcelona, 1988.

D´AVOSSA, Antonio, "Joseph Beuys, Domani la terra", en *Cimal. Arte internacional*, Nº 41, 1993.

DELEUZE, Gilles y GUATTARI, Félix, *Rizoma. Introducción*, Pre-Textos, Valencia, 1977.

DORFLES, Gillo, *Naturaleza y artificio*, Lumen, Barcelona, 1972.

DUCROT, Oswald y TODOROV, Tzvetan, *Diccionario enciclopédico de las ciencias del lenguaje*, Siglo XXI, México, D. F., 2005.

ELIADE, Mircea, "La vegetación. Símbolos y ritos de renovación", en *Tratado de historia de las religiones*. Morfología y dialéctica de lo sagrado, Cristiandad, Madrid, 2000.

FERNÁNDEZ ARENAS, José (Coord.), *Arte efímero y espacio estético*, Anthropos, Barcelona, 1988.

FERNÁNDEZ DEL CAMPO, Eva, *Anish Kapoor*, Nerea, San Sebastián, 2006.

FERNÁNDEZ POLANCO, Aurora, *Arte povera*, Nerea, Madrid, 1999.

FONTCUBERTA, Joan *et al.*, *Ciencia y fricción. Fotografía, naturaleza, artificio*, Mestizo, Asociación Cultural de Murcia, Murcia, 1998.

FORTNUM, Rebecca, *Contemporary british women artist: in their own words*, I.B. Tauris, Londres, 2007.

FOSTER, Hal, *El retorno de lo real. La vanguardia a finales de siglo*, Akal, Madrid, 2001.

FOSTER, Hal *et al.*, *Arte desde 1900. Modernidad, antimodernidad y Posmodernidad*, Akal, Madrid, 2006.

FOUCAULT, Michel, *Las palabras y las cosas*, Siglo XXI, México, D. F., 1979.

GOETHE, Johann Wolfgang, *La metamorfosis de las plantas*, Beta III Milenio, Bilbao, 1994.

GÓMEZ AGUILERA, Fernando, "La Naturaleza ya no será más la Naturaleza", en *El Cultural, El Mundo*, 1 de junio, 2006.

GOODMAN, J., Petah Coyne, *Sculpture*, Galería Lelong, Washington, D.C., marzo, 1999.

GRACIA, Jordi y RÓDENAS DE MOYA, Domingo (eds.), *Más es más. Sociedad y cultura en la España democrática, 1986-2008*, Iberoamericana, Madrid, 2008.

GRANDE, John K., *Diálogos Arte-Naturaleza*, Fundación César Manrique, Madrid, 2005.

GREENBERG, Clement, *Arte y cultura*, Gustavo Gili, Barcelona, 1979.

GUASCH, Ana Mª, *Los manifiestos del arte posmoderno. Textos de exposiciones (1980-1995)*, Akal, Madrid, 2000.

HERNANDO, Javier, "Energía convulsiva. Barrocos y neobarrocos: el infierno de lo bello", en *El Cultural, El mundo*, 6 de octubre, 2005.

HERRERO UCEDA, Miguel, "Sistema de comunicación en el mundo vegetal", en *Tecnociencia. Periódico gratuito de divulgación científico-técnica*, N° 4, junio, 2006.

HOMERO, *La Odisea. La Ilíada*, Edimat Libros, Madrid, 2000.

JUNCA, Humberto, "El jardinero infiel. Alberto Baraya, artista... plástico", en *Arcadia. Periodismo cultural*, N° 9, junio, 2006.

JUNG, Carl Gustav, *Recuerdos, sueños, pensamientos*, Seix Barral, Barcelona, 2001.

KAC, Eduardo, *Telepresencia y bioarte. Interconexión en red de humanos, robots y conejos*, Cendeac, Murcia, 2010.

KUSPIT, Donald, *El fin del arte*, Akal, Madrid, 2006.

LAKOFF, George y JOHNSON, Mark, *Metáforas de la vida cotidiana*, Cátedra, Madrid, 2007.

LARRAURI, Maite, *El deseo según Gilles Deleuze*, Tándem, Valencia, 2000.

LIVERANI, Mario, El antiguo Oriente. Historia, sociedad y economía, Crítica, Barcelona, 2008.

LUCRECIO, *De la naturaleza de las cosas*, edición de Agustín García Calvo, Cátedra, Madrid, 2004.

MADERUELO, Javier (dir.), *Arte y naturaleza. Actas del I Curso*, Diputación de Huesca, Huesca, 1995.

MARCHÁN FIZ, Simón, *Del arte objetual al arte de concepto (1960-1974). Epílogo sobre la sensibilidad "postmoderna"*, Akal, Madrid, 1997.

MARTÍNEZ LIRA, Verónica *et al.*, *El lenguaje secreto de Hildegard von Bingen. Vida y obra*, UNAM, Fondo de Cultura Económica, Conaculta, México, D. F., 2004.

MARTÍNEZ MUÑOZ, Amalia, *De Andy Warhol a Cindy Sherman*, Universitat Politècnica de València, Valencia, 2000.

MOLTER, Michael, "Douglas Buis: home and Oasis", en *Espace Sculpture*, N° 31, Spring, 1995.

NEMITZ, Barbara, *Trans Plant. Living vegetation in contemporary art*, Hatje Cantz Publishers, Stuttgart, 2000.

PEIRÓ LÓPEZ, Juan Bautista, "Pamen Pereira: huellas de luz, sombras de tiempo", en *Cimal. Arte internacional*, N° 51, 1999.

PELT, Jean Marie *et al.*, *La historia más bella de las plantas. Las raíces de nuestra vida*, Anagrama, Barcelona, 2001.

PÉREZ LÓPEZ, Héctor Julio, *La naturaleza en el arte posmoderno*, Akal, Madrid, 2004.

PIMENTEL, Taiyana *et al.*, *Las implicaciones de la imagen*, Vol. I, Museo Universitario de Ciencias y Arte, UNAM, México, D. F., 2008.

PORTAL, Frédéric, *El simbolismo de los colores: en la Antigüedad, la Edad Media y los tiempos modernos*, José J. de Olañeta, Palma de Mallorca, 2005.

RAMÍREZ, Juan Antonio y CARRILLO, Jesús (eds.), *Tendencias del arte, arte de tendencias, a principios del siglo XXI*, Cátedra, Madrid, 2004.

RAQUEJO, Tonia, *Land Art*, Nerea, Madrid, 1998.

REIS, Paulo, "It is the truth that hides the fact that there is no truth", en *Dardo Magazine*, N° 9, octubre–enero, 2008.

ROCA, José Ignacio, "Flora necrológica. Imágenes para una geografía política de las plantas", en *Lápiz*, N° 178, 2001.

RUIDO LÓPEZ, María, *Ana Mendieta*, Nerea, San Sebastián, 2002.

SACHSSE, Rolf, *Karl Blossfeldt. Fotografías*, Benedikt Taschen, Köln, 1994.

SALABERT, Pere *et al.*, *Estética plural de la naturaleza*, Laertes, 2006.

SÁNCHEZ MECA, Diego, "Los conceptos griegos de physis y theoria en la interpretación de Goethe", en *Daimon. Revista de Filosofía*, N° 16, 1998.

SAVATER, Fernando, *Diccionario filosófico*, Ariel, Barcelona, 2007.

STEADMAN, Philip, *Arquitectura y naturaleza. Las analogías biológicas en el diseño*, Blume, Madrid, 1982.

TATARKIEWICZ, Wladyslaw, *Historia de seis ideas. Arte, belleza, forma, creatividad, mimesis, experiencia estética*, Tecnos-Alianza, Madrid, 2004.

WÖLFFLIN, Heinrich, *Renacimiento y Barroco*, Paidós, Barcelona, 2008.

WOOD, Paul, *La modernidad a debate. El arte desde los cuarenta*, Akal, Madrid, 1999.

WORRINGER, Wilhelm, *Abstracción y naturaleza*, Fondo de Cultura Económica, México, D. F., 1983.

ZÚÑIGA, Rodrigo, *La demarcación de los cuerpos. Tres textos sobre arte y biopolítica*, Metales Pesados, Santiago de Chile, 2008.